धर्म, प्रेम और त्याग की गाथा

जयपाल सिंह गुप्ता

लेखिका: पुष्पलता गुप्ता

notionpress
.com

INDIA · SINGAPORE · MALAYSIA

ISBN
Paperback 979-8-90451-935-3
Hardcase 979-8-90510-928-7

समर्पण (Dedication)

यह पुस्तक समर्पित है

उस व्यक्तित्व को,

जो मेरे जीवन का आधार,

मेरी हर साँस की प्रेरणा

और मेरे अस्तित्व का मौन संबल रहे—

मेरे जीवनसाथी,

मेरे पथप्रदर्शक,

मेरे श्रद्धेय जयपाल जी को।

आप केवल मेरे साथ चलने वाले नहीं थे,

बल्कि आप वह प्रकाश थे,

जिसने हर अंधेरे में मुझे राह दिखाई।

आपने अपने सपनों को त्यागकर

हमारे जीवन को संवार दिया,

अपने सुखों को भूलकर

हमारे भविष्य को गढ़ दिया।

आपने कभी कुछ माँगा नहीं,

बस देते ही रहे—

प्रेम, त्याग, संस्कार और विश्वास।

आज जब आप इस संसार की सीमाओं से परे,

उस अनंत प्रकाश में विलीन हो चुके हैं,

तब भी आपका अस्तित्व

हमारे हर निर्णय, हर विचार

और हर धड़कन में जीवित है।

यह पुस्तक केवल शब्दों का संग्रह नहीं,

बल्कि आपके प्रति मेरी

अनंत कृतज्ञता का एक छोटा सा प्रयास है।

आप थे...

आप हैं...

और सदैव रहेंगे—

हमारे जीवन में, उस दीपक की तरह,

जो कभी बुझता नहीं,

बल्कि ईश्वर में समाकर

अनंत प्रकाश बन जाता है।

ॐ श्री गणेशाय नम

अनुक्रमणिका

प्रस्तावना

यह पुस्तक महज शब्दों का संग्रह नहीं है, बल्कि यह एक ऐसे जीवन की गाथा है, जो सादगी, ईमानदारी, त्याग और प्रेम से परिपूर्ण था।

यह स्मृतियों की एक शाश्वत नदी है जो निरंतर बहती रहती है। यह उस दीपक की लौ है जो बुझ चुका है, फिर भी उसके प्रकाश ने हमारे जीवन को रोशन किया हुआ है। यह उस परछाई का अहसास है जो अब दृष्टि से ओझल होते हुए भी, हमारी आत्मा की गहराइयों में शांति और प्रेम के रूप में विद्यमान है।

यह उन क्षणों का संग्रह है जो अब भी हमारी सांसों से जुड़े हुए हैं, यह उस प्रकाश की छवि है जो अब शरीर से अलग हो सकता है, लेकिन आत्मा के रूप में हमारे बीच अमर है। श्री जयपाल सिंह गुप्ता, एक ऐसा नाम जो केवल एक व्यक्ति का नहीं, बल्कि जीवन के एक संपूर्ण दर्शन का प्रतिनिधित्व करता है। वे सादगी में गंगा के जल के समान पवित्र, ईमानदारी में हिमालय की चोटियों के समान अडिग, परिश्रम में बहती गंगा के समान अथक और वसंत की कोमल हवा के समान करुणामय थे।

उनका जीवन एक खुली किताब की तरह था, जिसका हर पन्ना सत्य, कर्तव्य और गरिमा से अंकित था।

उन्होंने परिवार और समाज के प्रति अपने दायित्वों को एक तपस्वी की तरह निभाया, जैसे कोई तपस्वी अपनी आध्यात्मिक साधना पूरी करता है। उन्होंने एक पिता का जीवन इस प्रकार जिया कि हम उनकी उपस्थिति में हमेशा सुरक्षित, संरक्षित और परिपूर्ण महसूस करते थे।

उनके हर काम में एक संत जैसी निष्ठा झलकती थी। चाहे पारिवारिक जिम्मेदारियाँ हों, सामाजिक अपेक्षाएँ हों या रिश्ते निभाना हो—वे हर परिस्थिति में बरगद के पेड़ की छाया की तरह साथ खड़े रहते थे, तूफ़ान में भी अपने संरक्षण में रहने वालों को सुरक्षा और शांति प्रदान करते थे। उनके जीवन का हर पल हमें यही सिखाता था कि 'सच्चा इंसान वही है जो दूसरों के लिए जीता है।'

उनके चार बच्चे—ममता, कृष्णकांत, दीपा और आशुतोष, उनके मूल्यों के साक्षात उदाहरण हैं। उन्होंने न केवल उन्हें जीवनयापन का मार्ग दिखाया, बल्कि जीवन का सच्चा अर्थ भी सिखाया। जिस प्रकार एक माली अपने पौधों को प्रेम से सींचता है, उसी प्रकार उन्होंने अपने बच्चों को ज्ञान, अनुशासन और मूल्यों की धूप और छांव में पाला-पोसा। आज जब उनके बच्चे अपने जीवन के शिखर पर हैं, तो यह उनकी परवरिश का जीताजागता प्रमाण है।

लेकिन उनका व्यक्तित्व केवल एक पिता या परिवार के मुखिया तक ही सीमित नहीं था। वे अत्यंत धार्मिक और आध्यात्मिक थे। ईश्वर में उनकी आस्था इतनी गहरी थी कि हमने स्वयं चमत्कार देखे। उनका जीवन इस बात का प्रमाण था कि जब कोई व्यक्ति ध्यान और भक्ति में लीन हो जाता है, तो असंभव भी संभव हो जाता है। वे नियमित रूप से ध्यान करते थे, प्रार्थना में लीन रहते थे और हमें यह विश्वास दिलाते थे कि 'ईश्वर का नाम ही जीवन की सबसे बड़ी शक्ति है'।

उनकी भक्ति महज औपचारिकता नहीं थी; यह उनकी आत्मा का स्पंदन थी। जब भी हम उनकी आँखों में भक्ति का प्रकाश देखते थे, ऐसा लगता था मानो उनके भीतर गंगा बह रही हो। वे अक्सर कहते थे, 'जीवन क्षणभंगुर है, परन्तु आत्मा अमर है'। इस गहन आस्था ने उन्हें साधारण जीवन में भी असाधारण बना दिया।

उनके जीवन का अंतिम अध्याय भी उतना ही दिव्य और अद्वितीय था। 5 जून, 2024 को जब उन्होंने इस नश्वर शरीर को त्यागा, तो उनका पार्थिव चेहरा इतना शांत और तेजस्वी था, मानो वे ईश्वर के साथ मिलन के क्षण का आनंद ले रहे हों। उनका शांत, और निर्मल चेहरा हमें आश्वस्त करता है कि उन्होंने मृत्यु नहीं, बल्कि मोक्ष प्राप्त किया। यह दृश्य हमारे लिए जीवन का सबसे बड़ा आध्यात्मिक प्रमाण है। ऐसा लगता है मानो स्वयं ईश्वर ने हमें दिखाया हो कि सच्चे साधक के लिए अंत कभी अंत नहीं होता; यह तो उच्चतर लोक की यात्रा की शुरुआत मात्र है।

इसलिए, यह कहना अनुचित होगा कि उनका निधन हो गया। सच्चाई यह है कि उन्होंने शाश्वत शांति और मोक्ष प्राप्त किया। वे आज भी हमारे भीतर विद्यमान हैं—हमारी स्मृतियों में, हमारे रीति-रिवाजों में, हमारी प्रार्थनाओं में।

यह पुस्तक महज उनके जीवन का वृतांत नहीं, बल्कि उन मूल्यों का अमर गीत है जिनके अनुसार उन्होंने जीवन व्यतीत किया। उनकी सादगी, उनका परिश्रम, ईश्वर के प्रति उनका प्रेम और परिवार के प्रति उनका अटूट स्नेह सदा अमर रहेगा। यह पुस्तक आने वाली पीढ़ियों को यह संदेश देगी कि सच्चा जीवन पद, प्रसिद्धि और धन-दौलत के बारे में नहीं, बल्कि मूल्यों, त्याग और ईश्वर में आस्था के बारे में है।

लेखिका का संदेश

'मैंने यह पुस्तक अपने पति की पावन स्मृतियों को अमर बनाने के लिए लिखी है। उनका जाना मेरे जीवन का सबसे गहरा शून्य है—ऐसा शून्य, जिसे शब्दों से भरा नहीं जा सकता। यह केवल एक जीवनसाथी का वियोग नहीं, बल्कि उस आत्मा से बिछुड़ना है, जो मेरी हर साँस, हर धड़कन और हर प्रार्थना में बसती थी।

फिर भी, मेरी आत्मा के किसी शांत, गहन कोने में एक अडिग विश्वास सदा जीवित है—कि वे केवल इस नश्वर देह को त्याग कर नहीं गए, बल्कि उस परम सत्य में विलीन हो गए हैं, जिसे हम मोक्ष कहते हैं। उनका जाना अंत नहीं, एक दिव्य यात्रा का आरंभ है—एक ऐसा मिलन, जहाँ आत्मा अपने परमात्मा से एकाकार हो जाती है।

उनकी सादगी किसी निर्मल गंगा-धारा की तरह थी—शांत, स्वच्छ और सबको अपने स्नेह से स्पर्श करने वाली। उनका प्रेम एक दीपक की लौ की भाँति था, जो स्वयं जलकर भी दूसरों के जीवन में प्रकाश भरता रहा। उनकी धार्मिक आस्था केवल कर्मकांड नहीं थी; वह उनके अस्तित्व की आत्मा थी—हर श्वास में ईश्वर का स्मरण, हर कर्म में भक्ति का स्पर्श।

उन्होंने जो जीवन जिया, वह त्याग, धैर्य और निस्वार्थ प्रेम की एक जीवित गाथा था। उन्होंने कभी अपने लिए कुछ नहीं माँगा—न वैभव, न सुविधा, केवल इतना कि उनके अपने सुखी रहें, सुरक्षित रहें और अपने जीवन में आगे बढ़ें। उनके हर त्याग में एक मौन तपस्या थी, और हर मुस्कान के पीछे एक गहरा आत्मबल।

जब भी मैं उनकी स्मृतियों में लौटती हूँ, तो लगता है जैसे वे आज भी मेरे पास ही खड़े हैं—मुस्कुराते हुए, मुझे 'देवी' कहकर पुकारते हुए, और अपनी शांत आँखों से मुझे साहस देते

हुए। उनकी उपस्थिति अब भी मेरे चारों ओर एक अदृश्य आभा की तरह फैली हुई है—एक ऐसी छाया, जो हर दुःख में मुझे ढक लेती है, हर भय में मुझे थाम लेती है।

मैं चाहती हूँ कि इस पुस्तक को पढ़ने वाला हर व्यक्ति यह अनुभव करे कि जीवन का सच्चा सौंदर्य बाहरी वैभव में नहीं, बल्कि भक्ति, संस्कार, त्याग और प्रेम में निहित होता है। यह समझे कि एक सच्चा मनुष्य वही है, जो अपने जीवन को केवल अपने लिए नहीं, बल्कि दूसरों के सुख के लिए जीता है।

यह पुस्तक केवल शब्दों का संग्रह नहीं है—यह मेरी आत्मा की वह पुकार है, जो उनके प्रति मेरे प्रेम, श्रद्धा और कृतज्ञता को व्यक्त करती है। यह मेरी ओर से उन्हें समर्पित एक नमन है, एक ऐसा नमन, जिसमें मेरी हर भावना, हर आँसू और हर स्मृति समाहित है।

यह मेरी श्रद्धांजलि है उन्हें—

मेरे जीवनसाथी, मेरे पथप्रदर्शक, मेरे संबल,

और मेरे ईश्वरतुल्य पति को।

– पुष्पलता गुप्ता

आभार (Acknowledgement)

इस पुस्तक को लिखना मेरे लिए केवल शब्दों का कार्य नहीं था, बल्कि यह मेरे जीवन की स्मृतियों को पुनः जीने की एक भावनात्मक यात्रा थी। मैं ईश्वर की कृतज्ञ हूँ, जिन्होंने मुझे यह अवसर दिया कि मैं अपने जीवन के अनुभवों और अपने जीवनसाथी के आदर्शों को शब्दों में ढाल सकूँ।

मैं अपने बच्चों—ममता, कृष्णकांत, दीपा और आशुतोष एवं उनके परम मित्र पीताम्बरन राजेश का विशेष धन्यवाद करती हूँ, जिन्होंने न केवल इस यात्रा में मेरा साथ दिया, बल्कि अपने हृदय के भावों को भी इस पुस्तक में स्थान दिया।

प्राक्कथन (Preface)

यह केवल एक कहानी नहीं है—

यह एक जीवन की साधना है।

यह उन संघर्षों की कथा है, जो मौन थे,

उन त्यागों की कहानी है, जो कभी कहे ही नहीं गए,

और उस प्रेम का वर्णन है, जो शब्दों से परे था।

इस पुस्तक के माध्यम से मैंने केवल घटनाओं को ही नहीं लिखा,

बल्कि उन भावनाओं को भी सहेजा है,

जो हर क्षण में जीवित थीं।

भाग I

संघर्ष से निर्माण तक

अध्याय 1

संघर्षमय बचपन (1942–1950)

वर्ष 1942 था। पूरा देश स्वतंत्रता संग्राम की आवाज़ों से गूंज रहा था, लोग एक स्वतंत्र भारत का सपना देख रहे थे, लेकिन गांवों की झोपड़ियों में जीवन अभी भी संघर्ष और अभाव की बेड़ियों में जकड़ा हुआ था। उसी वर्ष 27 अक्टूबर की सुबह, जब धनपुर गांव के रास्ते ओस से भीगे हुए थे और सूर्य की सुनहरी किरणें धीरे-धीरे कोहरे को चीर रही थीं, एक साधारण मिट्टी और घास की झोपड़ी में एक बच्चे का जन्म हुआ। वह बच्चा आगे चलकर अपने संघर्ष और बलिदान से प्रेरणा का स्रोत बना। उनका नाम जयपाल रखा गया।

जैसे ही बच्चे को माता कलावती की गोद में रखा गया, उनकी आँखों में आँसू भर आए। ये केवल प्रेम के आँसू नहीं थे; ये वर्षों की गरीबी, अभाव और कठिनाइयों के बाद मिले अनमोल उपहार के आँसू थे। पिता ज्योति प्रसाद की थकी हुई आँखें अपने बेटे को देखकर चमक उठीं। उनके हृदय ने कहा, 'यह बच्चा हमारे जीवन की सबसे अँधेरी रातों में प्रकाश की किरण बनेगा।'

लेकिन जिस घर में यह दीपक जलाया गया था, वह सुख-सुविधाओं की भूमि पर नहीं, बल्कि संघर्ष की चट्टानों पर खड़ा था। मिट्टी की दीवारें, टपकती छत, सर्दियों में कड़ाके की ठंड और बारिश से भीगा आँगन– यही उनकी दुनिया थी। उनका परिवार समय के साथ बड़ा था—जिसमें एक बड़ी बहन प्रेम, एक छोटा भाई सत्यप्रकाश और दो छोटी बहनें कमला और राजेश। पाँच बच्चों के लिए घर तो था, लेकिन जीवनयापन का कोई साधन नहीं था।

भूख अक्सर घर में मेहमान बनकर आती थी और लंबे समय तक बनी रहती थी। कई दिन बिना एक दाना भोजन के बीत जाते थे। ऐसे समय में माता कलावती का हृदय टूट जाता था, लेकिन वे अपने आत्मसम्मान को टूटने नहीं देती थीं। पड़ोसियों को यह पता न चले कि

उनके घर में भुखमरी का साया है, इसलिए वे चूल्हे पर खाली बर्तन रख देतीं, चम्मच से चलातीं और लकड़ी जलाकर धुआँ पैदा करतीं। बाहर वालों को लगता कि खाना पक रहा है, लेकिन असल में चूल्हा उनकी माँ के आँसुओं की आग से जल रहा होता था। वह धुआँ केवल लकड़ी का नहीं होता था; वह उनकी माँ की बेबसी और पीड़ा का धुआँ होता था, जो उनकी आँखों से निकलकर आकाश में विलीन हो जाता था।

उनका बचपन संघर्षों से भरा था। स्कूल जाना भी मुश्किल था। उनके पास न चप्पलें थीं, न जूते। वे गाँव के रास्तों पर नंगे पैर चलते थे। गर्मी में तपती ज़मीन से उनके तलवे जल जाते, बारिश में वे कीचड़ में फंस जाते और सर्दी में उनके पैर सुन्न हो जाते। कभी-कभी, जब ज़मीन पर चलना असहनीय हो जाता, तो वे पेड़ों से बड़े-बड़े पत्ते तोड़कर अपने पैरों के नीचे बाँध लेते और उन पर चलते। वह दृश्य आज भी उनकी यादों में ताजा है—एक छोटा लड़का, पैरों में पत्ते बाँधे स्कूल की ओर चल रहा है, आँखों में शिक्षा के सुनहरे सपने लिए।

गांव के बाकी बच्चे खेल-कूद और शरारतों में मग्न थे, वहीं जयपाल जी का सिर्फ एक ही सपना था: 'मैं पढ़ना चाहता हूँ, मैं तरक्की करना चाहता हूं, मैं अपने परिवार की किस्मत बदलना चाहता हूं।' अक्सर वे पेड़ की छांव में बैठ जाते, किताब खोलते और उसमें लिखे अक्षरों में खो जाते।

त्योहार भी उनके लिए मुश्किलें लेकर आते थे। दिवाली पर जब गाँव के घर दीयों से जगमगाते थे, उनके घर और भी अंधेरा हो जाता था। तब उनकी माँ, कलावती, एक छोटा सा दीपक जलातीं और बच्चों से कहतीं, 'यह दीपक हमारी आशा है, इसे बुझने मत देना।' होली पर जब बच्चे नए कपड़ों में रंगों से खेलते थे, जयपाल जी और उनके भाई-बहन पुराने कपड़े धोकर पहनते थे और संतुष्ट महसूस करते थे। उनके चेहरे पर एक भी शिकन नहीं होती थी। वे कहते थे, 'रंग कपड़ों में नहीं, दिल में होते हैं।'

उनका बचपन त्याग और कर्तव्यपरायणता से भरा था। जब घर में भोजन कम पड़ जाता, तो वे अपना हिस्सा अपने छोटे भाई-बहनों को दे देते थे। वे कहते थे, 'मैं भूखा रहूँगा, लेकिन वे नहीं।' इतनी कम उम्र में भी वे ज़िम्मेदारी का बोझ ऐसे उठाते थे मानो कोई युवक अपने परिवार का भरण-पोषण कर रहा हो।

माता कलावती का धार्मिक स्वभाव ही उनकी सबसे बड़ी खूबी थी। घर में भोजन न होने पर भी उनके होठों पर भजन गूंजते रहते थे। वे कहती थीं, 'बेटा, भूख तो मिट जाएगी,

पर भगवान का नाम कभी मत भूलना।' यह वाक्य उनके हृदय में पत्थर पर खुदी लकीर की तरह अंकित हो गया। धीरे-धीरे जयपाल जी भी भक्ति और आस्था में लीन हो गए।

पाँच साल की छोटी उम्र में, जब एक बच्चा अपनी माँ की गोद में खेलता है, मिट्टी में कंचे उठाता है और जीवन को खुशी और आनंद से देखता है, तभी जयपाल जी पर मृत्यु का साया छा गया। अचानक पूरे गाँव में चेचक की महामारी फैल गई। छोटे बच्चों के चेहरे लाल चकत्तों से भर गए। घर-घर मातम छा गया। उसी समय, नन्हें जयपाल जी भी इस बीमारी का शिकार हो गए।

माता कलावती का हृदय टूट चुका था। वे अपने पुत्र को गोद में लेकर दिन-रात भगवान के चरणों में रोती रहती थीं। गाँव में न तो डॉक्टर थे और न ही दवाइयाँ। बस नीम की पत्तियाँ, पानी के छींटे और एक माँ के आँसुओं का सहारा था। रातें लंबी होती जातीं और माँ अपने पुत्र को गोद में लेकर प्रार्थना करतीं, 'हे भगवान राम, मेरे बच्चे की रक्षा कीजिए।'

चेचक के हर दाने से न सिर्फ शरीर बल्कि आत्मा भी जल उठती थी। बुखार से तड़पता शरीर, दर्द से कांपती सांसें। कभी माँ अपने पल्लू से पसीना पोंछतीं, कभी माथे पर पानी डालतीं। उनकी आँखों से आँसू बहकर उनके बेटे के गालों पर गिरते।

अंततः, ईश्वर की कृपा और माता की भक्ति रंग लाई। बच्चा बच गया। लेकिन चेचक ने अपने निशान छोड़ दिए। उनके चेहरे पर गहरे घाव रह गए। ये घाव केवल त्वचा पर ही नहीं थे; ये जीवन की पहली परीक्षा के निशान थे।

समय बीतता गया और एक और परीक्षा उनका इंतज़ार कर रही थी। एक दिन खेलते-खेलते उनका पैर दरवाजे में फंस गया। दरवाजा इतनी ज़ोर से बंद हुआ कि उनकी उंगली कुचल गई और खून बहने लगा। घर में अफरा-तफरी मच गई। माँ कलावती दौड़कर उन्हें उठाने आईं, अपने पल्लू से खून पोंछा और उन्हें गले लगा लिया।

उस चोट ने जीवन भर के लिए एक अमिट निशान छोड़ दिया। उनके पैर के अंगूठे पर हमेशा उस घाव की याद बनी रहती थी।

उनके चेहरे के निशान और पैर का घाव—ये दोनों उनके जीवन के अनुभवों के साक्षी बन गए।

और इन्हीं कठिनाइयों के बीच उनका चरित्र गढ़ा गया। उनका बचपन कमल के समान था, जो कीचड़ में खिलता है, फिर भी अपनी पवित्रता बनाए रखता है। गरीबी और भूख उनकी

भूमि थी, और उसी भूमि में उनके साहस, ईमानदारी और समर्पण के पौधे अंकुरित हुए। वही पौधा आगे चलकर एक बरगद के वृक्ष में बदल गया, जिसकी छाया में न केवल उनका परिवार बल्कि पूरा समुदाय शांति पाता था।

अध्याय 2

शिक्षा की तपस्या (1950–1960)

गरीबी की धूप ने उनके बचपन को पहले ही कठोर बना दिया था, लेकिन शिक्षा का दीपक उनके हृदय में निरंतर जलता रहा। यह दीपक भले ही इतना छोटा था कि मिट्टी के तेल की हर बूंद उसे बुझाने की धमकी देती थी, फिर भी उसकी रोशनी इतनी प्रखर थी कि उसने उनके पूरे जीवन के अंधकार को दूर करने की शक्ति अपने भीतर समेट रखी थी। पढ़ने की यह इच्छा किसी एक दिन में नहीं जगी थी; यह तो बचपन की हर कठिनाई, हर अभाव और हर संघर्ष से धीरे-धीरे जन्मी थी। उनके मन में यह भावना गहराई तक बैठ चुकी थी कि यदि जीवन में कुछ बदल सकता है, तो वह केवल शिक्षा के माध्यम से ही संभव है।

उन्होंने धनपुर गाँव में पाँचवीं कक्षा तक अपनी प्रारंभिक शिक्षा प्राप्त की। उस समय का विद्यालय अत्यंत साधारण था—छप्पर की छत, मिट्टी की दीवारें, टूटी-फूटी बेंचें और बरसात में टपकती हुई छत। कई बार तो बच्चे गीली मिट्टी में बैठकर पढ़ने को विवश होते थे। उस दौर में गाँवों में विद्यालयों की संख्या भी बहुत कम थी, और जो विद्यालय थे, उनमें सुविधाएँ लगभग न के बराबर थीं। वहाँ पढ़ाई केवल किताबों के सहारे नहीं, बल्कि धैर्य और सहनशीलता के साथ पूरी होती थी।

विद्यालय का पहला दिन उनके लिए एक नया अनुभव लेकर आया। वे चुपचाप कक्षा में जाकर बैठ गए। चारों ओर बच्चे आपस में बातें कर रहे थे, हँसी-मजाक चल रहा था, लेकिन वे शांत रहे और अपने स्थान पर बैठकर सब कुछ ध्यानपूर्वक देखने लगे। कुछ ही दिनों में शिक्षक भी उनकी गंभीरता और लगन को पहचानने लगे। एक दिन कक्षा में शिक्षक शर्मा जी ने एक प्रश्न पूछा। अधिकांश छात्र चुप रहे, किसी ने उत्तर देने का साहस नहीं किया। कुछ क्षणों के मौन के बाद, जयपाल जी ने धीरे से अपना हाथ उठाया और उत्तर देने का प्रयास

किया। उनका उत्तर पूर्ण नहीं था, पर उसमें प्रयास और समझ की झलक स्पष्ट थी। शर्मा जी मुस्कुराए और बोले, 'तुम कोशिश करते हो, यही सबसे बड़ी बात है।' यह एक छोटा-सा वाक्य था, लेकिन उनके मन में गहराई तक उतर गया और उन्हें आगे बढ़ने की प्रेरणा दे गया।

लेकिन जयपाल जी के लिए यह सब कोई बाधा नहीं थी; बल्कि वे इसे ईश्वर द्वारा दी गई एक तपस्या का अवसर मानते थे। भूखे और नंगे पैर, जब वे शिक्षक के सामने बैठते थे, तो उनकी आँखों में केवल ज्ञान की प्यास दिखाई देती थी। दोपहर के समय, जब अन्य बच्चे अपने घर से लाया हुआ खाना निकालते थे, तब वे चुपचाप बैठे रहते थे। कुछ बच्चों के पास रोटी, सब्जी या गुड़ होता था, और वे आपस में बाँटकर खाते थे। जयपाल जी कई बार यह सब दृश्य केवल देखते रहते थे, पर उनके चेहरे पर कभी शिकायत नहीं आती थी। उन्होंने धीरे-धीरे इस स्थिति को स्वीकार कर लिया था और अपना पूरा ध्यान पढ़ाई पर केंद्रित कर दिया था।

छठी से आठवीं कक्षा तक की पढ़ाई के लिए उन्हें दूसरे गाँव जाना पड़ता था। दूरी अधिक थी, पर उनके कदम कभी नहीं रुके। वे अंधेरे में ही घर से निकल पड़ते थे। सुबह का समय शांत होता था, रास्ते अभी जागे नहीं होते थे, और खेतों के बीच से गुजरते हुए वे अक्सर अपने विचारों में खो जाते थे। कभी वे अकेले चलते, तो कभी अन्य बच्चों के साथ। रास्ते में वे देखते कि कुछ बच्चों के पास चप्पलें थीं, कुछ के पास अच्छे बैग थे, लेकिन उन्होंने कभी इसकी शिकायत नहीं की। उन्होंने बहुत जल्दी यह सीख लिया था कि तुलना करने से जीवन नहीं बदलता।

बरसात के मौसम में उनके पैर कीचड़ में धँस जाते थे। कई बार तो पैर निकालना भी कठिन हो जाता था। एक दिन रास्ता इतना फिसलन भरा हो गया कि वे गिरते-गिरते बचे। उन्होंने पास के पेड़ का सहारा लिया, खुद को संभाला और फिर धीरे-धीरे आगे बढ़े। उनके कपड़े पूरी तरह भीग चुके थे, लेकिन उन्होंने वापस लौटने का विचार तक नहीं किया। जब वे विद्यालय पहुँचे, तो बिना कुछ कहे अपनी जगह पर बैठ गए और पढ़ाई में लग गए, मानो कुछ हुआ ही न हो।

सर्दियों में ठंडी हवाएँ उनके शरीर को जकड़ लेती थीं, और गर्मियों में तपती हुई धरती उनके पैरों को झुलसा देती थी। ऐसे समय में वे पेड़ों से पत्ते तोड़कर अपने पैरों में बाँध लेते थे। ये पत्ते अधिक समय तक नहीं टिकते थे, लेकिन कुछ दूरी तक राहत अवश्य दे देते थे। गाँव वालों के लिए यह दृश्य अत्यंत अनोखा था—एक बालक, पैरों में पत्ते बाँधे, लेकिन आँखों में अडिग संकल्प लिए अपने लक्ष्य की ओर बढ़ता हुआ। नौवीं से बारहवीं कक्षा तक की पढ़ाई उन्होंने मवाना में की, जहाँ उनके पिता ज्योति प्रसाद जी साइकिल स्टैंड पर काम करते

थे। सुबह से शाम तक वे साइकिलों की मरम्मत करते, किराया वसूलते और थके-हारे घर लौटते थे। इतनी कम आय में पाँच बच्चों का पालन-पोषण और उनकी शिक्षा का खर्च उठाना अत्यंत कठिन कार्य था। फिर भी, उनके पिता की अथक मेहनत और माता कलावती जी की प्रार्थनाओं ने इस असंभव को संभव बना दिया।

मवाना में उनका जीवन और भी अनुशासित हो गया। हर खर्च को सोच-समझकर करना पड़ता था, और हर दिन मानो एक नई परीक्षा लेकर आता था। कई बार फीस जमा करने की अंतिम तिथि निकट आ जाती थी और पैसे कम पड़ जाते थे। ऐसे समय में घर का वातावरण चिंताजनक हो जाता था। माँ कलावती जी रात को उनके सिर पर हाथ फेरते हुए कहतीं, 'बेटा, चिंता मत करो, भगवान कोई न कोई उपाय जरूर निकालेंगे।' यह केवल सांत्वना नहीं थी, बल्कि अटूट विश्वास था और कई बार ऐसा होता भी था—कभी कोई परिचित सहायता कर देता, तो कभी उनके पिता अतिरिक्त मेहनत करके कुछ पैसे जुटा लेते।

लेकिन यह संघर्ष उनके मन में गहराई से बैठता चला गया। वे किताबें खरीद नहीं सकते थे, इसलिए पढ़ने के लिए दोस्तों से किताबें उधार लेते थे। उनके एक मित्र सुरेश अक्सर अपनी किताबें उन्हें कुछ समय के लिए दे देते थे। वे उस समय का पूरा उपयोग करते—हर पंक्ति को ध्यान से पढ़ते, महत्वपूर्ण बातों को याद रखते और समय पर किताब वापस कर देते। जब सब सो जाते, तब वे उधार ली हुई किताब हाथ में लेकर मिट्टी के तेल के दीपक की मद्धम रोशनी में बैठकर रात-रात भर पढ़ते रहते थे। कमरे में हल्का धुआँ होता, आँखों में थकान होती, लेकिन उनका ध्यान केवल पढ़ाई पर टिका रहता था। जब दीपक की लौ धीमी पड़ती, तो वे उसे सावधानी से ठीक करते, ताकि वह कुछ और समय तक जल सके। उनकी रातें कठिन जरूर थीं, लेकिन नियमित थीं।

बारहवीं कक्षा उत्तीर्ण करना उनके लिए केवल एक परीक्षा पास करना नहीं था; यह उनके परिवार की गरीबी पर पहली विजय थी। उस समय उच्च शिक्षा प्राप्त करना अत्यंत कठिन कार्य माना जाता था, लेकिन उन्होंने रुकने के बजाय आगे बढ़ने का निर्णय लिया। इसी दृढ़ संकल्प के साथ उन्होंने मेरठ के एनएएस कॉलेज में प्रवेश लिया।

कॉलेज का पहला दिन उनके लिए एक नया अनुभव था। विशाल परिसर और आत्मविश्वास से भरे छात्र उन्हें कुछ समय के लिए अजनबी लगे। वे चुपचाप सब कुछ देखते रहे, फिर अपनी कक्षा में जाकर बैठ गए। एक छात्र, राजीव, ने उनसे बातचीत शुरू की और पूछा कि वे कहाँ से आए हैं। उन्होंने संक्षेप में उत्तर दिया और फिर अपने अध्ययन में लग गए।

कॉलेज का जीवन उनके लिए तपस्या से भी अधिक कठिन था। फीस के लिए पैसे जुटाना, यात्रा खर्च उठाना और कई बार भूखे पेट पढ़ाई करना—ये सब उनकी दिनचर्या का हिस्सा बन गए थे। कई बार उनके पास पैसे समाप्त हो जाते, तो वे फिर से दोस्तों से किताबें उधार लेते। एक बार परीक्षा से पहले वे फीस जमा नहीं कर पाए, जिससे वे अत्यंत चिंतित हो गए। लेकिन उन्होंने हार नहीं मानी। उनके पिता ने अतिरिक्त काम किया और उनकी माँ ने अपने गहने गिरवी रख दिए। इस घटना ने उनके संकल्प को और भी मजबूत कर दिया।

कॉलेज की रातें भी वैसी ही थीं—सबके सो जाने के बाद वे दीपक या मोमबत्ती की रोशनी में पढ़ते रहते। जब थकान अधिक होती, तो थोड़ा पानी पीकर फिर से पढ़ाई में लग जाते। कभी-कभी भूख उन्हें कमजोर कर देती थी, लेकिन उन्होंने उसे अपने लक्ष्य के बीच नहीं आने दिया।

उनकी शिक्षा का उद्देश्य केवल डिग्री प्राप्त करना नहीं था। वे भली-भाँति समझते थे कि उनकी पढ़ाई उनके पूरे परिवार से जुड़ी हुई है। उन्होंने अपनी बहनों की शादियों की जिम्मेदारी उठाई, अपने छोटे भाई का सहारा बने और पूरे परिवार की देखभाल की। यह सब उन्होंने बोझ समझकर नहीं, बल्कि अपने कर्तव्य के रूप में किया।

उनके चेहरे पर चेचक के निशान और पैर पर लगा घाव उन्हें बार-बार यह याद दिलाते थे कि जीवन सरल नहीं है, लेकिन उन्होंने इन निशानों को अपनी कमजोरी नहीं बनने दिया। जब उन्होंने अंततः अपनी बी.ए. की डिग्री प्राप्त की, तो वह केवल एक प्रमाण पत्र नहीं था, बल्कि वर्षों के संघर्ष, त्याग और दृढ़ संकल्प का परिणाम था।

जब यह समाचार गाँव पहुँचा, तो लोगों ने अनुभव किया कि यह बालक साधारण नहीं है। उनकी मेहनत ने उन्हें एक अलग पहचान दिलाई। गाँव के लोग उनका उदाहरण देने लगे।

जयपाल जी की शिक्षा यात्रा इस सत्य की साक्षी है कि अभाव केवल शरीर को रोक सकता है, आत्मा को नहीं। यदि मन में दृढ़ संकल्प हो, तो सीमित साधनों के बीच भी जीवन का मार्ग स्वयं बनाया जा सकता है।

अध्याय 3

आत्मनिर्माण-जीवन का प्रारम्भ (1960–1964)

शिक्षा का वह दीपक, जिसने एक बालक के जीवन को अंधकार से प्रकाश की ओर अग्रसर किया था, अब उनके भविष्य को भी आलोकित करने लगा। जब जयपाल जी ने कठिनाइयों और भुखमरी की अंधेरी गलियों को पार करते हुए मेरठ के एनएएस कॉलेज से स्नातक की उपाधि प्राप्त की, तो ऐसा प्रतीत हुआ मानो पूरे परिवार में आशा की एक नई किरण प्रस्फुटित हो उठी हो। यह केवल एक शैक्षणिक उपलब्धि नहीं थी, बल्कि वर्षों के संघर्ष, त्याग और धैर्य का साकार फल था।

माता कलावती जी की आँखें गर्व से भर आईं। उन्होंने जीवन में असंख्य कठिनाइयों का सामना किया था, किन्तु उस दिन उनके चेहरे पर जो संतोष झलक रहा था, उसे शब्दों में व्यक्त करना संभव नहीं था। पिता ज्योति प्रसाद जी, जो वर्षों से परिवार के लिए दिन-रात परिश्रम कर रहे थे, पहली बार अपने भीतर एक अनकही शांति का अनुभव कर रहे थे। उनके चेहरे पर उभरी मुस्कान केवल प्रसन्नता का संकेत नहीं थी, बल्कि लंबे संघर्ष के पश्चात मिली एक गहरी राहत का प्रतीक थी। घर का वातावरण भी उस दिन कुछ भिन्न था—कोई उत्सव नहीं, कोई विशेष आयोजन नहीं, फिर भी प्रत्येक हृदय में एक संतोषपूर्ण शांति स्पष्ट रूप से विद्यमान थी।

डिग्री प्राप्त करने के कुछ ही समय पश्चात ईश्वर ने उनकी तपस्या का प्रतिफल प्रदान किया। उन्हें एक प्राथमिक विद्यालय में शिक्षक के रूप में नियुक्ति मिली। यह मात्र एक नौकरी नहीं थी; यह उनके जीवन की पहली ठोस विजय थी। जिस युवक ने कभी पत्तों को जूतों की भाँति बाँधकर विद्यालय का मार्ग तय किया था, वही अब शिक्षक बनकर अन्य बच्चों को शिक्षा प्रदान करने लगा।

जब वे प्रथम दिन शिक्षक के रूप में विद्यालय पहुँचे, तो कुछ क्षणों के लिए उनका हृदय भावनाओं से भर उठा। कक्षा के समक्ष खड़े होकर जब उन्होंने बच्चों को देखा, तो उन्हें अपना ही अतीत स्मरण हो आया—वही अभाव, वही संघर्ष, वही सीखने की उत्कंठा। उन्होंने शांत और मधुर स्वर में पढ़ाना आरम्भ किया। उनकी वाणी में कठोरता नहीं, बल्कि स्नेह और अपनापन था। धीरे-धीरे विद्यार्थियों ने उन्हें केवल एक शिक्षक नहीं, बल्कि एक मार्गदर्शक के रूप में स्वीकार करना प्रारम्भ कर दिया।

इस नौकरी का प्रभाव केवल उनके व्यक्तिगत जीवन तक सीमित नहीं रहा, बल्कि पूरे परिवार के जीवन में परिवर्तन की लहर ले आया। घर में अब नियमित रूप से चूल्हा जलने लगा। जहाँ पहले कई दिनों तक भोजन की कमी बनी रहती थी, वहाँ अब स्थिति धीरे-धीरे सुधरने लगी। रसोई में सादगी अभी भी विद्यमान थी, पर उसमें एक स्थिरता आ गई थी। माता कलावती जी के चेहरे पर चिंता के स्थान पर संतोष ने अपना स्थान बना लिया। अब वे हर रात यह सोचकर नहीं सोती थीं कि अगले दिन भोजन की व्यवस्था कैसे होगी। कई बार वे चुपचाप बैठकर अपने पुत्र को देखतीं, मानो मन ही मन ईश्वर का धन्यवाद कर रही हों कि अब उनके बच्चों को पहले जैसी भूख सहन नहीं करनी पड़ेगी।

पिता ज्योति प्रसाद जी के कंधों से भी कुछ बोझ हल्का हुआ। अब उन्हें अकेले समस्त परिवार की जिम्मेदारी उठाने का भार उतना भारी नहीं लगता था। संध्या समय घर लौटते हुए उनके कदमों में पहले जैसी थकान अवश्य होती थी, किन्तु मन में एक गहरा संतोष भी रहता था कि अब उनका पुत्र उनके साथ कंधे से कंधा मिलाकर खड़ा है। भाई-बहनों की छोटी-छोटी आवश्यकताएँ भी अब पूरी होने लगीं। कभी-कभी घर में छोटीछोटी खुशियाँ भी दिखाई देने लगीं—बच्चों के लिए गुड़ लाना, या त्योहारों पर थोड़ा अतिरिक्त अनाज उपलब्ध होना। यह परिवर्तन धीरे-धीरे आया, किन्तु उसका प्रभाव अत्यंत गहरा था।

गाँव के लोग भी इस परिवर्तन के साक्षी बन रहे थे। वे कहा करते थे, 'देखो, यह वही जयपाल है जिसने खाली पेट पढ़ाई की थी, और आज वह गुरु बन गया है।' उनके व्यक्तित्व में अब एक अद्त संतुलन दिखाई देता था—गंभीरता, अनुशासन और विनम्रता का समन्वय। वे अपने कार्य के प्रति पूर्णतः ईमानदार और समय के अत्यंत पाबंद थे। किन्तु उनके लिए यह नौकरी केवल वर्तमान का सहारा नहीं थी; यह भविष्य का आधार थी। वे प्रायः कहा करते थे, 'यह नौकरी केवल वेतन नहीं है, यह हमारे जीवन को बदलने का अवसर है।'

वही समय था, जब जीवन ने एक नया मोड़ लिया—एक ऐसा मोड़, जिसका आभास तो था, पर।

उसकी गहराई का अनुमान नहीं था। उसी कालखंड में उनका रिश्ता मेरे घर आया।

सब कुछ विधि के विधान की तरह घटित हो रहा था। मेरे बारे में, मेरे परिवार के बारे में, हर एक बात विस्तार से उन्हें बताई गई। जैसे कोई पवित्र ग्रंथ खोलकर उसके हर पृष्ठ को श्रद्धा से पढ़ा जाता है, वैसे ही मेरे जीवन के प्रत्येक पहलू को उनके समक्ष रखा गया।

उस समय मैं मात्र सोलह वर्ष की थी—नादान, कोमल, और जीवन की गहराइयों से अनभिज्ञ। आँखों में सपने थे, पर उन सपनों की दिशा क्या होगी, यह ईश्वर ही जानता था। उस उम्र में मन किसी कोरे कागज़ की तरह होता है, जिस पर समय अपनी पहली रेखाएँ खींचता है।

मेरे पिताजी, श्री ओम प्रकाश गोयल, सादगी और आदर्शों की प्रतिमूर्ति थे। उनके व्यक्तित्व में दृढ़ता थी, पर भीतर से वे करुणा और ममता से भरे हुए थे। मेरी माताजी, श्रीमती प्रकाशवती गोयल, केवल घर की आत्मा ही नहीं थीं, बल्कि एक विद्यालय की शिक्षिका भी थीं—ज्ञान और संस्कार दोनों की दीपशिखा। वे बच्चों को अक्षर ज्ञान सिखाती थीं, और घर में हमें जीवन का सच्चा अर्थ समझाती थीं। उनके व्यक्तित्व में ममता और अनुशासन का अद्‌त संगम था। उनके हाथों में केवल रसोई का स्वाद नहीं, बल्कि पूरे घर को जोड़कर रखने की शक्ति थी, और उनकी वाणी में वह मधुरता थी जो हर मन को दिशा दे सके।

हमारा परिवार सादगी में रचा-बसा था। हमारे घर में वैभव की चमक भले न हो, पर संस्कारों की रोशनी हर कोने में बसी हुई थी। सुबह की शुरुआत भजन की ध्वनि से होती, और रात का अंत ईश्वर को धन्यवाद देकर। हर दीवार पर जैसे धर्म, मर्यादा और प्रेम के सूत्र लिखे हुए थे।

मेरे साथ मेरी एक छोटी बहन थी—कुसुम लता, जो मेरे जीवन की पहली सखी थी। और एक छोटा भाई—संतोष गोयल, जिसकी मासूम हँसी घर के हर कोने को जीवंत कर देती थी। समय के साथ, मेरे विवाह के तीन वर्ष पश्चात्, हमारे घर में एक और किलकारी गूँजी—मेरे छोटे भाई राकेश गोयल का जन्म हुआ। वह मानो उस घर में नई ऊर्जा, नया प्रकाश लेकर आया।हमारा घर छोटा था, पर हृदय बहुत विशाल थे। वहाँ सादगी थी, पर उसमें संतोष की सुगंध थी। वहाँ कम साधन थे, पर उनमें प्रेम का अथाह भंडार था। हम सब एक-दूसरे के लिए जीते थे, और यही हमारी सबसे बड़ी संपत्ति थी।

उसी पवित्र वातावरण में, उसी संस्कारों की छाया में, जीवन ने मुझे उस व्यक्ति से जोड़ने की भूमिका रची, जो आगे चलकर मेरे जीवन का आधार, मेरा संबल और मेरी आत्मा का अर्धांग बनने वाला था।

जब मेरे लिए यह विवाह प्रस्ताव आया और मैंने पहली बार जयपाल जी के विषय में सुना, तो उनके संघर्षपूर्ण जीवन की कथा ने मेरे मन में उनके प्रति एक विशेष स्थान बना दिया। यह केवल एक वैवाहिक संबंध नहीं था, बल्कि एक ऐसे जीवन में प्रवेश था, जहाँ कठिनाइयाँ अवश्य थीं, किन्तु उनके साथ अटूट दृढ़ता और सच्चाई भी थी।

इस संबंध को आगे बढ़ाने में डॉ. हरि प्रसाद जी का विशेष योगदान था, जो जयपाल जी की बड़ी बहन प्रेम जी के पति थे। उन्होंने इस विवाह को केवल एक औपचारिक प्रक्रिया न मानकर, उसे उचित दिशा देने का दायित्व अपने ऊपर लिया। जब कुछ लोगों ने इस संबंध में बाधाएँ उत्पन्न करने का प्रयास किया—आर्थिक स्थिति, भविष्य की अनिश्चितता और अन्य शंकाओं को लेकर, तब उन्होंने दृढ़ता से उनका सामना किया। उन्होंने स्पष्ट शब्दों में कहा, 'यदि यह विवाह नहीं हुआ, तो मैं ज्योति प्रसाद जी के घर का द्वार कभी पार नहीं करूँगा।' उनके इस अटल संकल्प में केवल भावनाएँ ही नहीं, बल्कि गहरा विश्वास निहित था। अंततः परिस्थितियाँ भी इस संबंध के पक्ष में झुक गईं और सभी विरोध शांत हो गए।

फिर वह पावन दिवस आया—5 जून 1964, जब मेरा विवाह जयपाल जी के साथ संपन्न हुआ। उस समय मेरी आयु मात्र सोलह वर्ष थी, किन्तु परिस्थितियों ने मुझे मेरी आयु से कहीं अधिक परिपक्व बना दिया था। उस दिन मेरे हृदय में केवल एक कन्या की भावनाएँ ही नहीं थीं, बल्कि एक गहन जिम्मेदारी का बोध भी था। मुझे यह स्पष्ट अनुभव हो रहा था कि यह केवल एक नया संबंध नहीं, बल्कि एक ऐसे जीवन की शुरुआत है जहाँ मुझे एक परिवार का सहारा बनना है।

विवाह का वातावरण अत्यंत भावनात्मक था। घर में साधारण तैयारी थी, किन्तु उसमें सच्चाई और आत्मीयता की गहराई थी। जब बारात पहुँची, तो स्वागत में कोई दिखावा नहीं था, किन्तु सम्मान और स्नेह भरपूर था। विवाह के समय अग्नि के चारों ओर परिक्रमा करते हुए हमने केवल एक सामाजिक परंपरा का निर्वाह नहीं किया, बल्कि एक ऐसा संकल्प लिया जिसमें जीवन के प्रत्येक सुख-दुःख में साथ निभाने का वचन समाहित था। उन क्षणों में मुझे यह अनुभूति हुई कि अब मेरा जीवन केवल मेरा नहीं रहा, बल्कि एक साझा यात्रा बन गया है। जब मैंने उस घर की चौखट पर प्रथम बार कदम रखा, तो मेरे मन में अनेक भाव एक साथ उमड़ पड़े—एक ओर नए जीवन की शुरुआत, तो दूसरी ओर एक ऐसी जिम्मेदारी, जिसे मैंने पूरे मन से स्वीकार किया।

माता कलावती जी की आँखों से अश्रुधारा बह रही थी। उन आँसुओं में स्नेह, संतोष और विश्वास तीनों समाहित थे। यह विश्वास कि अब यह घर एक नए सहारे के साथ आगे बढ़ेगा। पिता ज्योति प्रसाद जी उस दृश्य को शांत भाव से देख रहे थे, मानो उनके मन का एक बड़ा भार हल्का हो गया हो।

भाग II
गृहस्थ जीवन और त्याग

अध्याय 4

विवाह एक नई शुरूआत (1964–1968)

शादी के बाद का वह समय मेरे जीवन का एक नया आरंभ था। मैं केवल एक नए घर में नहीं आई थी, बल्कि एक ऐसी यात्रा की शुरुआत कर रही थी, जिसमें हर दिन एक नई सीख और हर क्षण एक नई जिम्मेदारी लेकर आता था। जयपाल जी और मैंने मिलकर अपने जीवन की पहली नींव रखी। मेरे भीतर एक साधिका का भाव था, और मेरे पति ही मेरे लिए साधना का केंद्र थे। वे केवल मेरे जीवनसाथी नहीं थे, बल्कि मेरे लिए भगवान के समान थे। उनकी हर मुस्कान मेरे लिए आरती की लौ थी, उनकी हर थकान मेरे लिए पूजा की भेंट थी।

विवाह के कुछ ही समय बाद, हमारे जीवन में एक ऐसा मोड़ आया जिसने सब कुछ बदल दिया। जयपाल जी को रक्षा लेखा नियंत्रक कार्यालय, जिसे कंट्रोलर ऑफ डिफेंस अकाउंट्स (CDA) कहा जाता है, में लोअर डिविजन क्लर्क के पद पर केंद्रीय सरकारी सेवा में नियुक्ति मिली। यह विभाग रक्षा मंत्रालय के अंतर्गत आता है और उस समय इस प्रकार की नौकरी मिलना अत्यंत प्रतिष्ठा और सम्मान की बात मानी जाती थी। यह केवल एक नौकरी नहीं थी; यह उनके वर्षों के संघर्ष का प्रत्यक्ष फल था। जिस युवक ने भूख और अभाव में रहकर अपनी पढ़ाई पूरी की थी, अब वह भारत सरकार के एक महत्वपूर्ण विभाग में कार्य करने जा रहा था।

यह समाचार जैसे ही गाँव और रिश्तेदारों तक पहुँचा, हर जगह इसकी चर्चा होने लगी। लोग आश्चर्य और गर्व से कहते थे, 'देखो, जयपाल ने कितनी मेहनत की है, अब वह सरकार में नौकरी कर रहा है—वह भी रक्षा विभाग में!' कुछ लोग इसे चमत्कार की तरह देखते थे, तो कुछ इसे उनके संघर्ष और ईश्वर की कृपा का फल मानते थे। मेरे अपने परिवार में भी यह समाचार अत्यंत हर्ष का विषय बना। मेरे माता-पिता के चेहरे पर संतोष था कि उनका निर्णय सही था। मेरे लिए यह क्षण केवल गर्व का नहीं, बल्कि एक गहरे विश्वास का था। मुझे यह स्पष्ट

रूप से अनुभव हुआ कि मैंने जिस जीवन को स्वीकार किया है, वह केवल संघर्ष का नहीं, बल्कि उन्नति और उद्देश्य का भी मार्ग है।

इस नौकरी ने हमारे जीवन को एक नई दिशा दी। यही वह क्षण था, जब हमने पहली बार महसूस किया कि अब जीवन केवल संघर्ष नहीं रहेगा, अब उसमें स्थिरता, सम्मान और आगे बढ़ने की संभावना भी होगी। इसी नियुक्ति के साथ जयपाल जी की पहली पोस्टिंग अंबाला में हुई, और यहीं से हमारे जीवन का एक नया अध्याय शुरू हुआ। जब हम अंबाला पहुँचे, तो हमें एक छोटा सा सरकारी कवार्टर मिला। चार दीवारें, साधारण फर्नीचर और रसोई के लिए कुछ पुराने बर्तन। पहली बार उस घर को देखकर मैंने उसे ध्यान से देखा। वह बहुत साधारण था, लेकिन मेरे मन में एक अजीब सी शांति थी। मेरे लिए वह घर किसी महल से कम नहीं था, क्योंकि वहाँ मेरे पति थे, और उनके साथ मेरा जीवन था।

सुबह का समय हमारे जीवन का सबसे अनुशासित और शांत समय होता था। वे जल्दी उठते, तैयार होते, एक साफ सादी कमीज पहनते, हाथ में ब्रीफकेस लेते और अपने कर्तव्य की ओर निकल पड़ते। मैं दरवाजे पर खड़ी होकर उन्हें विदा करती, और जब तक वे आँखों से ओझल नहीं हो जाते, मेरी नजरें उसी दिशा में टिकी रहतीं। उनके जाने के बाद मैं मन ही मन प्रार्थना करती—'हे प्रभु, दिनभर इन्हें सुरक्षित रखना, इनके हर कदम को सही दिशा देना।' दिन का समय मेरे लिए प्रतीक्षा का समय होता था। मैं घर के कामों में लगी रहती, रसोई संभालती, घर को व्यवस्थित रखती, लेकिन मेरे मन का एक कोना हमेशा दरवाजे की ओर लगा रहता।

कभी-कभी मैं यूँ ही बैठकर सोचती—अब तक वे कहाँ पहुँचे होंगे, उन्होंने भोजन किया होगा या नहीं, कहीं थक तो नहीं गए होंगे। मेरा यह इंतज़ार केवल एक पत्नी का नहीं था; यह एक गहरा भाव था, जैसे कोई भक्त अपने भगवान के दर्शन की प्रतीक्षा करता है। शाम को जैसे ही उनके कदमों की आहट सुनाई देती, मेरा मन जैसे खिल उठता। उनकी थकी हुई चाल भी मुझे मधुर लगती थी। वे घर में प्रवेश करते, और मैं तुरंत उनके लिए पानी और चाय तैयार करती। उनके हाथों में चाय का प्याला रखना मेरे लिए केवल एक काम नहीं था; वह मेरे लिए एक संतोष था, मानो मैंने दिन भर की अपनी साधना पूरी कर ली हो।

अंबाला में हमारे संसाधन सीमित थे, लेकिन हमारे मन में संतोष असीम था। मैं हर छोटे-बड़े काम में सेवा का भाव ढूँढ़ती थी। यदि वे देर से लौटते, तो मेरी निगाहें दरवाजे पर टिक जातीं। यदि वे अस्वस्थ हो जाते, तो मेरा मन व्याकुल हो उठता। मैं उनकी सेवा ऐसे करती थी जैसे कोई भक्त अपने देवता की मूर्ति को अत्यंत श्रद्धा से सजाता है। उन तीन वर्षों में हमने

जीवन को बहुत निकट से समझा। हर दिन एक नई सीख लेकर आता था—कभी संयम की, कभी त्याग की, और कभी संतोष की।

इन्हीं वर्षों में हमारे जीवन का सबसे मधुर और अनमोल क्षण आया, जब हमारी पहली संतान ममता इस संसार में आई। जब मैंने उसे पहली बार अपनी गोद में लिया, तो मेरे भीतर एक अजीब सी शांति उतर आई। उसकी मासूम मुस्कान, उसकी नन्ही उंगलियाँ, सब कुछ मेरे जीवन को एक नई पूर्णता दे रहा था। जब जयपाल जी ने उसे अपनी बाहों में उठाया, तो उनकी आँखों में आँसू आ गए। वे उसे बहुत ध्यान से देख रहे थे, जैसे कोई अपने जीवन की सबसे अनमोल निधि को देखता है। उस क्षण उनके चेहरे पर जो भाव था, उसमें गर्व भी था, प्रेम भी था और एक जिम्मेदारी का एहसास भी।

ममता की हँसी हमारे छोटे से घर की दीवारों में गूँजने लगी। उसकी छोटी-छोटी हरकतें हमारे जीवन की थकान को पल भर में दूर कर देती थीं। जब वह मेरी उंगली पकड़ती या मेरे पल्लू से खेलती, तो मुझे ऐसा लगता मानो मुझे जीवन का सबसे बड़ा उपहार मिल गया हो। जब जयपाल जी दिनभर की थकान के बाद घर लौटते, तो ममता की एक मुस्कान ही उनकी सारी थकान मिटा देती थी। वे उसके नन्हे पैरों को अपनी हथेली में लेकर मुस्कुराते हुए कहते, 'ये छोटे-छोटे कदम हमारे जीवन की दिशा बदल देंगे।'

अंबाला में तीन वर्ष कब बीत गए, यह हमें स्वयं भी पता नहीं चला। इन वर्षों में हमने बहुत कुछ सीखा और महसूस किया—साथ निभाना, परिस्थितियों में संतोष खोजना और हर छोटी खुशी को संजोना। लेकिन समय ने हमें फिर से मेरठ की ओर बुलाया। यह केवल स्थान परिवर्तन नहीं था, बल्कि जिम्मेदारियों का आह्वान था। हमारे परिवार, हमारे भाई-बहनों का भविष्य, सब हमें पुकार रहे थे।

1966 में एक और बड़ी ज़िम्मेदारी सामने आई—कमला जीजी की शादी। परिवार की आर्थिक स्थिति बहुत नाज़ुक थी। मैंने अपनी शादी के समय से ही गहनों का एक छोटा सा डिब्बा संभाल कर रखा था। ये सिर्फ़ गहने नहीं थे, बल्कि यादों का खजाना थे। लेकिन जब मैंने कमला जीजी की शादी की तैयारियाँ देखीं, तो मुझे लगा कि इन गहनों के लिए सबसे उपयुक्त जगह उसकी हथेलियाँ ही हैं। बिना किसी संकोच के, मैंने सारे गहने उसे दे दिए। उस पल मेरी कलाई खाली-खाली सी लग रही थी, लेकिन मेरा दिल अपार संतुष्टि से भर गया था।

जब मैंने अपने हाथों से अपने गहने उतारकर जयपाल जी के हाथों में रखे, तो उस क्षण मेरे मन में कोई संकोच नहीं था। उन्होंने भावुक होकर कहा, 'ये तुम्हारे हैं, इन्हें क्यों दे रही

हो?' मैंने शांत स्वर में उत्तर दिया, 'ये मेरे नहीं हैं, ये हमारे परिवार की जिम्मेदारी हैं। अगर इनसे किसी का जीवन बेहतर हो सकता है, तो यही मेरे लिए सबसे बड़ा सौभाग्य है।' उस क्षण हमारे बीच एक गहरा मौन था, लेकिन उसी मौन में हमारा संबंध और भी अधिक गहरा और मजबूत हो गया।

इस बीच, जयपाल जी दिन-रात पैसों का इंतज़ाम करने में जुटे रहे। उनके लिए एक-एक पैसा जुटाना कठिन तपस्या थी। कभी वे उधार लेते, कभी दूसरों से मदद मांगते। उनके चेहरे पर चिंता की गहरी लकीरें दिखाई देती थीं। मैं उन्हें देखती और भीतर से टूट जाती, लेकिन उन्होंने कभी हार नहीं मानी। आखिरकार शादी संपन्न हुई। उस दिन मुझे लगा कि भगवान ने हमारी कुर्बानी का फल स्वीकार कर लिया है। वे सचमुच एक दीपक की तरह थे—जो स्वयं जलकर पूरे घर को रोशन करता है।

दिसंबर 1967 में हम मेरठ लौट आए। हमने वहाँ एक छोटा सा घर किराए पर लिया। घर सादा था—दीवारें जर्जर थीं, छत नीची थी और एक छोटा सा आँगन था। लेकिन हमने उसे अपने प्यार और सपनों से भर दिया। हर सुबह मैं चूल्हे पर रोटियाँ सेंकती थी, यह सोचकर कि ये रोटियाँ केवल भोजन नहीं, बल्कि हमारे संघर्ष के लिए एक अर्पण हैं।

1969 हमारे जीवन में एक और महत्वपूर्ण मोड़ लेकर आया। उसी वर्ष कृष्णकांत का जन्म हुआ। जब मैंने उसे अपनी गोद में लिया, तो ऐसा लगा मानो ईश्वर ने हमें कठिनाइयों के बीच शक्ति का एक नया प्रतीक दिया हो। उसकी हँसी ने घर का वातावरण बदल दिया। ऐसा लगा जैसे एक नई सुबह हमारे जीवन में उतर आई हो।

उसी वर्ष हमने एक और बड़ा निर्णय लिया—ज़मीन खरीदने और अपना घर बनाने का। पिता ज्योति प्रसाद जी ने कुछ सहायता की, लेकिन शेष बोझ जयपाल जी पर ही आया। मैंने देखा कि इस घर को बनाने के लिए उन्होंने अपनी सारी बचत और हर छोटी-बड़ी सुविधा का त्याग कर दिया। उनकी मेहनत का पसीना उस घर की दीवारों की हर ईंट में बसा हुआ था। जब भी मैं निर्माणाधीन घर को देखती, तो मुझे लगता कि यह केवल ईंट और सीमेंट का ढाँचा नहीं, बल्कि उनके सपनों और त्याग का मंदिर है।

जब घर बनकर तैयार हुआ और हम उसमें रहने लगे, तो पहली बार हमें लगा कि जीवन कुछ सरल हुआ है। नई दीवारें, ताज़े चूने की खुशबू और आँगन की मिट्टी—ये सब हमें एक नई शुरुआत का आशीर्वाद देते प्रतीत हुए। लेकिन भाग्य को कुछ और ही मंज़ूर था। घर में आए हुए मात्र पंद्रह दिन ही बीते थे कि माता कलावती हमें सदा के लिए छोड़कर चली गईं।

हमारे आँसू अभी सूखे भी नहीं थे कि दुःख की एक नई लहर उमड़ पड़ी। जो घर सुख का प्रतीक होना चाहिए था, वही अब दुःख की छाया में डूब गया। यह जीवन का ऐसा विरोधाभास था, जिसे स्वीकार करना अत्यंत कठिन था।

तब तक गरीबी हमारी स्थायी साथी बन चुकी थी। यह केवल पैसों की कमी नहीं थी, बल्कि जिम्मेदारियों का निरंतर बोझ भी था, जो हर क्षण हमारे ऊपर मंडराता रहता था। जयपाल जी अपनी अधिकांश आमदनी अपने भाइयों, बहनों और पूरे परिवार पर खर्च कर देते थे। हमारे लिए बहुत कम बचता था। लेकिन उन्होंने कभी शिकायत नहीं की। उनका जीवन दूसरों के लिए समर्पित था। मैंने देखा कि वे थकान से चूर हो जाते थे, फिर भी ज़रूरतमंदों की सहायता के लिए तत्पर खड़े रहते थे। उनका चेहरा मुझे हमेशा एक दीपक की तरह प्रतीत होता था—एक ऐसा दीपक, जो दूसरों को रोशनी देने के लिए स्वयं को जलाता है।

कभी-कभी मेरे मन में आता था कि काश, हमारे जीवन में भी कुछ सुकून, कुछ विश्राम होता। लेकिन फिर जब मैं बच्चों की हँसी सुनती, तो मुझे एहसास होता कि यही हमारा सच्चा खजाना है। 1970 में हमारी तीसरी संतान, दीपा, का जन्म हुआ। उसकी नन्ही सी मुस्कान ने हमारे घर की सूनी दीवारों में जैसे नई जान फूँक दी। ऐसा लगा मानो लंबे शीतकाल के बाद वसंत आ गया हो। उसकी आँखों की चमक हमें यह आश्वासन देती थी कि भविष्य चाहे कितना भी कठिन क्यों न हो, आशा कभी नहीं मुरझाती।

इन वर्षों ने हमें भीतर से मजबूत और परिपक्व बनाया। हमने गरीबी देखी, जिम्मेदारियों का असह्य बोझ उठाया, अपनों को खोया, और अनेक बार टूटने की कगार पर पहुँचे, लेकिन हर बार जीवन ने हमें नया साहस दिया। प्रेम, त्याग, संघर्ष और धैर्य से बुनी यही गाथा हमारा सच्चा खजाना है।

अध्याय 5

पारिवारिक उत्तरदायित्व संवहन (1968–1972)

एक दिन मेरी माता प्रकाशवती ने मुझसे कहा, 'बेटी, तुम्हें शाकुंभरी माता के दर्शन अवश्य करने चाहिए। जब जीवन की कठिनाइयाँ बहुत बढ़ जाती हैं, तो केवल देवी की कृपा ही मार्ग दिखाती है।' उनके स्वर में आस्था का ऐसा दृढ़ विश्वास था कि मुझे लगा, यह केवल एक सुझाव नहीं, बल्कि स्वयं देवी माँ का आह्वान है। मैंने यात्रा की तैयारी आरंभ कर दी। मेरे हृदय में एक हल्की-सी प्रसन्नता थी, किन्तु उसके साथ एक गहरी कसक भी थी—काश, जयपाल जी मेरे साथ होते। पर वे अपने कार्य और पारिवारिक जिम्मेदारियों में इतने व्यस्त थे कि साथ न जा सके। जब मैं अकेली निकली, तो पूरे मार्ग में मेरे मन में बार-बार यही विचार आता रहा—'ये सड़कें कितनी सुंदर हैं, ये पहाड़ कितने मनोहारी हैं, हवा कितनी शीतल है, पर वे मेरे साथ क्यों नहीं हैं? यह सारी सुंदरता उनके बिना अधूरी लगती है।'

गाड़ी से उतरने के बाद जैसे ही पैदल यात्रा आरंभ हुई, मेरे कदम भारी हो उठे। पहाड़ों के रास्तों पर चढ़ते-उतरते, पगडंडियों से गुजरते और पेड़ों की छाया में क्षण-भर ठहरते हुए मैं निरंतर यही अनुभव करती रही कि इन ऊँचे पहाड़ों की ऊँचाई भी मेरे हृदय के बोझ के सामने छोटी प्रतीत होती है। चारों ओर तीर्थयात्रियों की भीड़ थी, लोग अपने-अपने भावों और इच्छाओं के साथ आगे बढ़ रहे थे, पर मेरे लिए वह यात्रा एकांत की यात्रा थी—एक ऐसी यात्रा जिसमें बाहर भीड़ थी, पर भीतर केवल मैं थी, मेरी प्रार्थनाएँ थीं और जीवन की थकान थी।

जब मैं माता शाकुंभरी के पावन प्रांगण में पहुँची, तो मंदिर की घंटियों की मधुर ध्वनि और अगरबत्ती की सुगंध ने समूचे वातावरण को दिव्यता से भर दिया। जैसे ही मैंने माँ के स्वरूप के दर्शन किए, मेरी आँखों से अश्रु बह निकले। ऐसा लगा मानो जीवन की सारी थकान, सारी चिंताएँ और सारा दर्द उसी क्षण पिघल गया हो। मैंने हाथ जोड़कर प्रार्थना की—'माँ, मेरे

परिवार पर अपनी कृपा बनाए रखिए। मेरे बच्चों को अपनी छाया में रखिए। हमारे जीवन से अंधकार दूर कीजिए।' उस क्षण मुझे ऐसा लगा जैसे किसी ने धीरे-धीरे मेरे हृदय से एक भारी पत्थर हटा दिया हो। मंदिर से बाहर निकलते ही मेरे भीतर एक अजीब-सी शांति उतर आई। ऐसा लगा मानो मेरे जीवन को एक नई दिशा मिल गई हो।

और सचमुच, परिवर्तन का आरंभ हुआ। लौटने के कुछ ही समय बाद मुझे पंद्रह रुपये प्रतिमाह के वेतन पर ट्यूशन पढ़ाने का अवसर मिला। आज भले यह राशि बहुत छोटी प्रतीत हो, लेकिन उस समय मेरे लिए वह किसी वरदान से कम नहीं थी। ऐसा लगा मानो देवी माँ ने मेरी झोली में स्वर्ण का आशीर्वाद रख दिया हो। छात्रा की माँ ने वह राशि अग्रिम ही दे दी। जब मैंने उन पंद्रह रुपयों को अपने हाथ में लिया, तो मेरी आँखें भर आईं। वह केवल पैसा नहीं था, वह माता शाकुंभरी की कृपा का प्रत्यक्ष प्रमाण था।

उस धन से सबसे पहले हमने वे दस रुपये लौटाए, जो जयपाल जी ने पड़ोसी से उनकी बेटी के इलाज के लिए उधार लिए थे। वह ऋण लौटाते समय उनके चेहरे पर जो संतोष था, वह किसी भी अनमोल खजाने से अधिक मूल्यवान था। मुझे लगा मानो उनकी आँखों से थकान कुछ कम हो गई हो और उनके भीतर आत्मसम्मान की एक नई चिंगारी प्रज्वलित हो उठी हो। शेष बचे पैसों से हमने घर की छोटी-मोटी आवश्यकताएँ पूरी कीं। वह दिन मेरे जीवन का एक अत्यंत महत्वपूर्ण मोड़ बन गया।

माता शाकुंभरी का आशीर्वाद यहीं नहीं रुका। शीघ्र ही विभागीय पदोन्नति परीक्षा, अर्थात् एस.ए.एस., की घोषणा हुई। यह परीक्षा इतनी कठिन मानी जाती थी कि अनेक लोग वर्षों तक प्रयास करने पर भी इसे उत्तीर्ण नहीं कर पाते थे। जयपाल जी अक्सर कहते थे, 'यदि मैं दस वर्ष भी दे दूँ, तब भी यह परीक्षा पास नहीं कर पाऊँगा।' उनकी यह बात सुनकर मेरे मन को बहुत पीड़ा होती थी। किन्तु भीतर कहीं एक दृढ़ विश्वास बना रहता था—'माँ, आपके आशीर्वाद से असंभव भी संभव हो सकता है।'

जब उन्होंने इस परीक्षा का पहला भाग दिया और परिणाम आया, तो हम सब स्तब्ध रह गए। वे प्रथम ही प्रयास में उत्तीर्ण हो गए थे। उनकी आँखों में एक साथ श्रद्धा और विस्मय दोनों दिखाई दे रहे थे। वे बार-बार कह रहे थे, 'यह मेरी मेहनत से कहीं अधिक माता शाकुंभरी का आशीर्वाद है। मैंने कभी सोचा भी नहीं था कि मैं पहली ही बार में सफल हो जाऊँगा।' उस दिन के बाद हमारा विश्वास और भी प्रगाढ़ हो गया। पूजा-पाठ और धार्मिक आचरण हमारे जीवन का अभिन्न अंग बन गए।

लगभग इसी समय, सन् 1972 में, मेरी सबसे छोटी बहन राजेश की शादी भी निश्चित हो गई। एक बार फिर, हमारे सामने त्याग का वही दौर आ खड़ा हुआ। हमने घर का जो कुछ था, वह सब उस विवाह के लिए समर्पित कर दिया। हमारे गहने, बर्तन, वस्त्र—सब कुछ धीरे-धीरे उसी तैयारी का हिस्सा बन गया। एक क्षण के लिए मेरे मन में भी यह विचार आया कि अब मुझे अपने बच्चों के भविष्य और उनके पालन-पोषण के विषय में भी सोचना चाहिए। लेकिन अगले ही क्षण मेरे हृदय ने उत्तर दिया—'घर बसाना ही सबसे बड़ा कर्तव्य है।'

लोगों ने हमारी आलोचना भी की। वे कहते, 'इतना सब क्यों खर्च कर रहे हो? अपने भविष्य के बारे में भी सोचो।' पर हमने कभी इन बातों की ओर ध्यान नहीं दिया। हमारे लिए सबसे बड़ा संतोष यही था कि हमने अपना कर्तव्य निभाया। विवाह संपन्न हुआ, सब कुछ ठीक प्रकार से हो गया, किन्तु उसके समाप्त होते-होते हम फिर से लगभग खाली हाथ रह गए। उसी वर्ष हमें जम्मू जाना पड़ा। जब हम वहाँ पहुँचे, तो हमारे पास न पर्याप्त धन था, न वस्त्र, न गहने—कुछ भी नहीं। हमारे पास यदि कुछ था, तो केवल एक-दूसरे का साथ और माँ का आशीर्वाद।

उस रात मैं बहुत देर तक जागती रही। मेरे मन में बार-बार वही प्रश्न उठता रहा—'क्या हमारा जीवन कभी स्थिर होगा? क्या हमें कभी शांति मिलेगी? या हम इसी प्रकार बार-बार शून्य से आरंभ करते रहेंगे?' उन प्रश्नों के उत्तर उस समय स्पष्ट नहीं थे, परंतु हृदय के भीतर एक दृढ़ विश्वास अवश्य था—'जब तक देवी दयालु हैं, अंधकार कितना भी गहरा क्यों न हो, दीपक अवश्य जलता रहेगा।'

और वास्तव में, यहीं से हमारे जीवन का एक नया अध्याय आरंभ हुआ। कौन जानता था कि जम्मू की धरती हमारे लिए अपने भीतर कितने नए अनुभव, कितनी नई परीक्षाएँ और कितने अप्रत्याशित आशीर्वाद समेटे बैठी है।

अध्याय 6

विश्वास और आस्था-जम्मू कार्यकाल (1972–1975)

राजेश की शादी के कुछ ही समय बाद हम जम्मू पहुँच गए। तीन छोटे बच्चे, जयपाल जी और मैं।हमारे पास घर का कोई सामान नहीं था, जेब में पैसे भी नहीं थे—बस एक-दूसरे का सहारा और भगवान का नाम था। हम एक अनजाना डर और एक अनजाना विश्वास महसूस कर रहे थे। जैसे ही हमने जम्मू की घाटियों में कदम रखा, हमारे भीतर एक गहरी इच्छा जागृत हुई—'मुझे माँ वैष्णो देवी के दर्शन अवश्य करने हैं।'

हम दोनों ने ठान लिया था कि चाहे रास्ता कितना भी कठिन क्यों न हो, हम देवी माँ के दर्शन अवश्य करेंगे। यात्रा शुरू हुई। यह मेरे जीवन की सबसे कठिन और सबसे पवित्र यात्रा थी। पथरीले ऊबड़-खाबड़ रास्ते, कभी संकरी पगडंडियाँ, कभी खड़ी चढ़ाइयाँ। कभी बच्चों को गोद में उठाए, कभी कंधों पर बिठाए। पसीना और आँसू मानो नदी की तरह बह रहे थे। हर कदम पर ऐसा लग रहा था मानो जीवन की सारी कठिनाइयाँ हमारे सामने पत्थरों में तब्दील हो गई हों।

कभी-कभी जब मैं थककर रुक जाती थी, तो जयपाल जी मुझे हिम्मत देते थे। कभी-कभी जब वे थक जाते थे, तो मैं उनकी ताकत बन जाती थी। हम एक-दूसरे की आँखों में देखते और मन ही मन कहते, 'मुझे बस अपनी माँ तक पहुँचना है, फिर सब ठीक हो जाएगा।'

अंततः वह क्षण आ गया जब हम माता की गुफा तक पहुँचे। मंदिर की घंटियों की गूंज, भक्तों के मंत्रोच्चार और अगरबत्ती की सुगंध ने वातावरण को दिव्य उत्साह से भर दिया। हाथ जोड़कर मैंने प्रार्थना की, 'माँ, कृपया हमारे जीवन रूपी खाली झोली में थोड़ी सी खुशी भर

दीजिए।' मेरे आँसू लगातार बह रहे थे, लेकिन भीतर ही भीतर मुझे ऐसा महसूस हो रहा था मानो कोई अदृश्य शक्ति मेरे दुखों को धो रही हो।

उसी रात, दर्शन के बाद, मुझे एक अद्‍त सपना आया। मैंने खुद को माता की गुफा में खड़ा देखा, और माता वैष्णो देवी स्वयं मेरे पल्लू में कुछ भर रही थीं। मेरा झोली लबालब भरी हुई थी—जैसे सूखी धरती पर पहली बारिश हुई हो। मैं अचानक उठ बैठी और मैंने कांपती हुई आवाज़ में जयपाल जी से कहा, 'आज माता ने मेरी झोली भर दी है।' उनकी आँखों में भी आँसू थे। वे चुपचाप मुझे देखते रहे—उनकी चुप्पी में आस्था झलक रही थी।

उस रात मुझे अपने भीतर कुछ अजीब सा अनुभव हुआ। मुझे अपने पेट में एक हल्की रोशनी का भंवर सा महसूस हुआ, मानो प्रकाश की लहरें मेरे अस्तित्व को छू रही हों। यह न तो डर था और न ही दर्द—यह मानो किसी दिव्य स्पर्श जैसा था।

कुछ दिनों बाद मुझे एक और सपना आया। इस बार एक छोटा बच्चा मेरे सामने खड़ा था—शुद्ध, उज्ज्वल और करुणा से भरा हुआ। उसने कहा, 'माँ, आपको क्या परेशान कर रहा है? मुझे बताइए, मैं आपके सभी कष्टों को दूर कर दूंगा। मैं राम के भक्तों को बचाने और पाप के राक्षसों का नाश करने के लिए अवतार लूंगा।'

उस आवाज़ की गूंज ने मेरी आत्मा को झकझोर दिया। जब मैं नींद से जागी, तो मेरा दिल कांप रहा था। यह महज़ एक सपना नहीं था, बल्कि एक दिव्य संदेश था। मुझे ऐसा लगा मानो स्वयं भगवान आकर मेरे भीतर निवास कर रहे हों। तब से, मुझे अलग सा महसूस होने लगा। मानो मेरी नसों में खून नहीं, बल्कि प्रकाश बह रहा हो। अधिक आत्मविश्वास, अधिक शांति और भीतर से दिव्य शक्ति का अहसास।

जयपाल जी पहले तो मेरी बातों पर मुस्कुराते थे, लेकिन धीरे-धीरे उन्होंने भी मान लिया कि हमारे जीवन में सचमुच कुछ बदलाव आ रहा है। घर का माहौल बदलने लगा। प्रार्थनाएं बढ़ने लगीं। बच्चों के चेहरों पर एक अलग ही तरह की शांति झलकने लगी।

फिर हमारे जीवन में एक चमत्कार घटा, जो माँ की कृपा का प्रत्यक्ष प्रमाण था। विभागीय पदोन्नति परीक्षा (एसएएस) की घोषणा हुई। यह परीक्षा इतनी कठिन थी कि कई वर्षों तक लोग इसे पास नहीं कर पाते थे। जयपाल जी अक्सर कहते थे, 'दस साल पढ़ाई करने के बाद भी मैं यह परीक्षा पास नहीं कर पाऊँगा।' लेकिन माँ की कृपा से उन्होंने पहले ही प्रयास में पहला भाग पास कर लिया।

जब नतीजे आए, तो उनकी आँखों में विस्मय और आश्चर्य का ऐसा भाव था, जिसे शब्दों में बाँधना कठिन है। वे बार-बार कह रहे थे, 'यह मेरी मेहनत नहीं, माँ का आशीर्वाद है।' उस क्षण मुझे लगा कि मेरा विश्वास सच हो गया है—माँ ने सचमुच हमारी खाली झोली भर दी थी।

जम्मू में जीवन सरल नहीं था। घर में सुविधाओं की कमी थी, जेबें प्रायः खाली रहती थीं और बच्चों की शिक्षा की चिंता मन पर लगातार छाई रहती थी। फिर भी अब मुझे पहले जैसी घबराहट नहीं होती थी। हर कठिनाई अब एक परीक्षा जैसी प्रतीत होती थी, और भीतर से एक स्वर उठता था—'माँ सब ठीक कर देंगी।' लोग अब भी बातें करते थे—'ये लोग हर बार फिर से खाली कैसे हो जाते हैं? इतना त्याग क्यों करते हैं?' लेकिन हमने उन बातों की कभी परवाह नहीं की। हम केवल इतना जानते थे कि त्याग ही सबसे बड़ा धन है, और माता का आशीर्वाद हर बार हमें सहारा देगा।

1972 से आगे का समय हमारे जीवन का एक प्रकार का आध्यात्मिक अभ्यास बन गया। वैष्णो देवी माता के दर्शन और उन दिव्य अनुभवों ने हमारे भीतर ऐसी आस्था भर दी थी कि अब बड़े से बड़ा तूफान भी हमें डरा नहीं सकता था। हमें यह विश्वास हो गया था कि जहाँ माता हैं, वहाँ प्रकाश अवश्य है। लेकिन यह तो केवल शुरुआत थी। जम्मू की घाटियों में हमारे लिए अनगिनत और भी घटनाएँ छिपी हुई थीं—कुछ आँसुओं से भरी, कुछ संघर्षों से भरी, और कुछ ऐसी, जिन्होंने हमारे विश्वास को और अधिक गहरा कर दिया।

जम्मू की घाटियों में जीवन धीरे-धीरे पटरी पर लौटता प्रतीत हो रहा था। बच्चों की चहचहाहट, घर में प्रार्थना का वातावरण, और माता वैष्णो देवी के आशीर्वाद का अनुभव हमें यह भरोसा दिलाने लगा था कि शायद हमारी जीवन-यात्रा अब तूफानों से बाहर निकल रही है। लेकिन शायद भाग्य को अभी और परीक्षाएँ लेनी थीं। कुछ ही महीनों बाद हमें फिर से मेरठ लौटना पड़ा।

इसी समय मेरी माँ, प्रकाशवती जी ने एक दिन मुझे अपने पास बैठाकर बहुत शांत और गंभीर स्वर में कहा, 'बेटी, कुसुम की शादी का समय आ गया है, और मैं चाहती हूँ कि यह विवाह इसी घर में हो। सत्यप्रकाश ही उसके योग्य जीवनसाथी हैं।' उनकी आवाज़ में किसी प्रकार का दबाव नहीं था; उसमें एक माँ का गहरा विश्वास और अपनी बेटी के भविष्य के प्रति चिंता स्पष्ट रूप से झलक रही थी। मैं कुछ क्षणों के लिए मौन रह गई। यह केवल एक प्रस्ताव नहीं था, बल्कि ऐसा निर्णय था जिसमें मेरे मायके और मेरे ससुराल—दोनों परिवारों का भविष्य जुड़ा हुआ था।

मेरे मन में अनेक भाव एक साथ उठ खड़े हुए। एक ओर मैं एक बहन थी, जो अपनी छोटी बहन के लिए एक सुरक्षित और स्नेहपूर्ण जीवन चाहती थी। दूसरी ओर मैं एक बहू थी, जो पहले से ही इस घर की जिम्मेदारियों और परिस्थितियों को समझने लगी थी। लेकिन जब मैंने अपनी माँ की आँखों में देखा, तो वहाँ केवल चिंता नहीं थी—वहाँ अटूट विश्वास भी था। उन्हें विश्वास था कि जिस घर में उन्होंने मुझे विदा किया था, वही घर अब उनकी दूसरी बेटी को भी स्नेह, संरक्षण और सम्मान देगा।

मैंने धीरे-धीरे अपने मन को शांत किया और परिस्थिति को गहराई से समझने का प्रयास किया। मुझे यह भी ज्ञात था कि कुसुमलता स्वभाव से सरल, स्नेही और परिवार को जोड़कर रखने वाली थी। मुझे पूरा विश्वास था कि वे इस घर में आकर प्रेम और समरसता का ही वातावरण बनाएगी। मैंने मन ही मन सोचा—'यदि मेरे जीवन में इस घर ने मुझे अपनापन दिया है, तो क्यों न मेरी बहन भी उसी अपनत्व का अनुभव करे।' उस क्षण मेरे भीतर कोई विरोध नहीं रहा। इसके विपरीत, एक संतोष की भावना जागी कि मेरी बहन एक ऐसे परिवार में आएगी जहाँ मैं स्वयं उसके साथ हूँ।

मैंने माँ की ओर देख कर शांत स्वर में कहा, 'यदि यह आपका विश्वास है, तो मुझे भी इस निर्णय पर पूर्ण भरोसा है।' मेरी यह स्वीकृति किसी दबाव का परिणाम नहीं थी; यह समझ, विश्वास और अपनत्व से भरी हुई थी। जब मैंने यह बात जयपाल जी को बताई, तो उन्होंने भी बिना किसी हिचकिचाहट के इस जिम्मेदारी को स्वीकार कर लिया। उनका स्वभाव ही ऐसा था—जहाँ परिवार की बात आती, वहाँ वे अपने बारे में कभी नहीं सोचते थे। उन्होंने केवल इतना कहा, 'अगर इससे दोनों परिवारों में सुख और स्थिरता आती है, तो यह निर्णय सही है।' उनके इन सरल शब्दों ने मुझे बहुत बड़ी शक्ति दी।

धीरे-धीरे घर में इस विषय पर चर्चा होने लगी। किसी के मन में संदेह नहीं था, बल्कि एक आशा थी कि यह संबंध दोनों परिवारों को और अधिक मजबूत करेगा। यह केवल एक विवाह नहीं था—यह दो घरों के बीच विश्वास, अपनापन और संबंधों का एक सेतु था। उस समय मैंने एक बहन, एक बेटी और एक बहू—तीनों रूपों में अपने कर्तव्य को महसूस किया और पूरे मन से इस निर्णय को स्वीकार किया।

23 जून 1973 का वह दिन आ पहुँचा। कुसुम और सत्यप्रकाश का विवाह संपन्न हुआ। वह विवाह केवल दो आत्माओं का मिलन नहीं था; वह हमारे लिए समर्पण, उत्तरदायित्व और विश्वास की एक कसौटी भी था। उस समय मेरे पास जो कुछ था, मैंने उसे अपने परिवार की जिम्मेदारी समझते हुए इस विवाह में समर्पित कर दिया। मेरे मन में यह भाव स्पष्ट था कि अब

यह केवल मेरा नहीं, बल्कि हमारा साझा परिवार है—और उसकी हर आवश्यकता मेरी भी जिम्मेदारी है। मैंने अपने गहनों और वस्त्रों को किसी त्याग के भाव से नहीं, बल्कि एक सहज कर्तव्य के रूप में देखा। मुझे ऐसा लगा कि मेरे पास जो कुछ भी है, वह तभी सार्थक है जब वह परिवार के सुख और संतुलन में योगदान दे सके।

जयपाल जी के लिए उनका परिवार ही सबसे बड़ा धर्म था, और मैं उनके साथ उसी मार्ग पर चलना अपना सौभाग्य मानती थी। उनकी जिम्मेदारियाँ केवल उनकी नहीं थीं, मैंने उन्हें अपने जीवन का हिस्सा बना लिया था। जब लोग मुझसे पूछते, 'तुम इतना सब क्यों कर रही हो?' तो मैं मुस्कुराकर केवल इतना कहती, 'घर की खुशियों में ही हमारी खुशियाँ बसती हैं।' उस समय मेरे लिए सबसे महत्वपूर्ण यह था कि कुसुमलता का जीवन एक अच्छे आरंभ के साथ आगे बढ़े। उनके चेहरे पर संतोष और प्रसन्नता देखना ही मेरे लिए सबसे बड़ा संतोष था। उस क्षण मुझे यह अनुभव हुआ कि जब हम अपने स्वार्थ से ऊपर उठकर परिवार के लिए कुछ करते हैं, तो वह त्याग नहीं रहता—वह अपने आप में संतोष और आशीर्वाद बन जाता है।

लेकिन जीवन की अगली परीक्षा अभी शेष थी। 29 अगस्त 1973 का वह दिन मेरे जीवन के सबसे कठिन और साथ ही सबसे पवित्र दिनों में से एक बन गया। हमारे सबसे छोटे बेटे आशुतोष का जन्म हुआ। गर्भावस्था के वे महीने मेरे लिए केवल शारीरिक परिवर्तन का समय नहीं थे; वे जिम्मेदारियों, मानसिक दृढ़ता और सहनशक्ति की एक लंबी परीक्षा थे। एक ओर परिवार की उलझनें थीं, बहनों की जिम्मेदारियाँ थीं, आर्थिक सीमाएँ थीं; दूसरी ओर मेरा अपना शरीर था, जो धीरे-धीरे थकता जा रहा था।

मैंने अपने भीतर पल रहे उस नन्हे जीवन को हर परिस्थिति में सुरक्षित रखने का प्रयत्न किया, लेकिन सच यही है कि उस समय मेरे पास वह विश्राम नहीं था, जिसकी एक माँ को आवश्यकता होती है। जयपाल जी अपनी जिम्मेदारियों में व्यस्त रहते और कई बार दूर भी रहते थे। ऐसे में घर और बाहर की लगभग सभी जिम्मेदारियाँ मुझे ही संभालनी पड़ती थीं। बच्चों की देखभाल, घर का काम, मानसिक तनाव—इन सबके बीच मैंने अपने गर्भ को उसी सावधानी से सँभाला, जैसे कोई आँधी के बीच दीपक की लौ को बचाने का प्रयास करता है।

प्रसव का दिन अत्यंत कठिन था। तेज़ गर्मी, झुलसा देने वाली धूप और सुविधाओं का पूर्ण अभाव, सब कुछ मिलकर उस समय को और भी चुनौतीपूर्ण बना रहे थे। वहाँ न कोई अनुभवी डॉक्टर था, न आधुनिक सुविधा, न वह सहारा जिसकी उस समय एक स्त्री अपेक्षा करती है। केवल पीड़ा थी—गहरी, निरंतर, शरीर को भीतर तक हिला देने वाली। मुझे ऐसा लगता था मानो मेरा शरीर किसी तपते हुए रेगिस्तान में खड़ा हो, जहाँ न छाया है, न विश्राम। उस समय

जयपाल जी मेरे पास नहीं थे। यह केवल शारीरिक अनुपस्थिति नहीं थी; यह भावनात्मक सहारे की कमी भी थी। उस क्षण मैं सचमुच अकेली थी—दर्द में, संघर्ष में, और अपनी ही भीतर की शक्ति के सहारे।

लेकिन शायद वही क्षण था, जब मैंने अपने भीतर एक नई शक्ति को जन्म लेते हुए महसूस किया। मैंने अपने आपको संभाला। हर पीड़ा के साथ मैंने मन ही मन ईश्वर को पुकारा—'हे प्रभु, मुझे शक्ति देना। यह केवल मेरा नहीं, आपका दिया हुआ जीवन है' और फिर वह क्षण आया, जब आशुतोष ने इस संसार में पहला श्वास लिया। जैसे ही मैंने उसे अपनी गोद में लिया, मेरी आँखों से आँसू बह निकले। वे दर्द के आँसू नहीं थे; वे एक माँ की कृतज्ञता के आँसू थे—ऐसी कृतज्ञता, जिसे शब्दों में व्यक्त नहीं किया जा सकता।

इतनी कठिन परिस्थितियों के बीच, बिना किसी सुविधा के, ईश्वर ने मुझे यह अमूल्य उपहार दिया था। मैंने उसे अपने सीने से लगा लिया, और उसी क्षण मुझे लगा मानो मेरे सारे कष्ट धीरे-धीरे शांत हो रहे हों। उसकी नन्ही उंगलियाँ, उसका कोमल स्पर्श—सब कुछ मेरे भीतर एक नई ऊर्जा भर रहा था। उसकी हर मुस्कान मेरे लिए नया साहस बन जाती। जब भी मैं थक जाती, उसे देखकर मेरे भीतर फिर से शक्ति आ जाती। मैंने कई बार सोचा—'शायद ईश्वर हमें कठिनाइयाँ इसलिए देते हैं, ताकि हम अपनी शक्ति को पहचान सकें।' सचमुच, उस कठिन दिन के बाद मैंने स्वयं को पहले से अधिक मजबूत, अधिक शांत और अधिक विश्वास से भरा हुआ पाया।

आशुतोष की हँसी मेरे जीवन की सबसे मधुर ध्वनि थी, लेकिन साथ ही वह मेरे संघर्ष का सबसे कठिन अध्याय भी था। मैंने अपने बच्चे को गोद में लिया और मन ही मन कहा, 'हे प्रभु, यदि यह बच्चा मेरे लिए आशीर्वाद है, तो कृपया इसे अपनी सुरक्षा में रखिए।' कुछ महीनों बाद, जब आशुतोष केवल चार महीने का था, मैं जम्मू लौट आई। तीन बच्चों और गोद में एक नन्हे शिशु के साथ यह यात्रा किसी युद्ध से कम नहीं थी। बच्चों की भूख, उनकी थकान और मेरी अपनी कमजोरी—सब कुछ एक साथ था। लेकिन भीतर से एक स्वर बार-बार उठता—'माता वैष्णो देवी का आशीर्वाद तुम्हारे साथ है।' उसी विश्वास के साथ मैंने अपनी यात्रा जारी रखी।

हम 1974 से 1975 तक जम्मू में रहे। धीरे-धीरे जीवन फिर से पटरी पर आने लगा। बच्चे अपनी पढ़ाई पर ध्यान देने लगे, और घर में एक शांत वातावरण बनने लगा। मुझे लगा, शायद अब हमारी जीवन-नाव किनारे लग रही है। लेकिन 1976 में किस्मत हमें फिर से मेरठ ले आई। आशुतोष अब ढाई वर्ष का हो चुका था। घर में झगड़े फिर से बढ़ने लगे। भाई-बहनों

के बीच तनाव गहराने लगा। राजेश ने घर पर रहने का निर्णय लिया, जिससे परिवार के भीतर मतभेद और अधिक बढ़ गए।

मुझे ऐसा लगा मानो वही पुराना दृश्य फिर सामने आ गया हो—वह आँगन, जो एक मंदिर होना चाहिए था, अब युद्धभूमि बन गया था। प्रेम से जुड़े रिश्ते स्वार्थ और तनाव के कारण टूटने लगे थे। मैं अपने चारों बच्चों के साथ फिर मेरठ लौट आई। मन अत्यंत भारी था। बार-बार यही प्रश्न उठता—'हे प्रभु, यह कैसी परीक्षा है? जब भी जीवन स्थिर होता हुआ प्रतीत होता है, आप हमें फिर से नए तूफानों में क्यों धकेल देते हैं?'

उस समय मैं बेहद दुखी थी, लेकिन कहीं न कहीं भीतर एक गहरी राहत भी थी। मुझे लगने लगा कि यह सब व्यर्थ नहीं है। यह ईश्वर की परीक्षा है। वे हमारे धैर्य, हमारे त्याग और हमारे विश्वास की परीक्षा ले रहे हैं। 1976 से आगे का समय मेरे जीवन का सबसे आध्यात्मिक अध्याय बन गया। मुझे यह अनुभव होने लगा कि जब सब कुछ खोया हुआ-सा लगता है, तब भी ईश्वर की कृपा ही सबसे बड़ी संपत्ति होती है।

मेरठ लौटने के कुछ ही दिन बाद की बात है। उस घर में एक किराएदार रहती थीं—शुक्लानी जी। वह एक सीधी-सादी महिला थीं, जो घरेलू कामों में व्यस्त रहती थीं। लेकिन नियति ने उनके रूप में मेरे लिए एक ऐसा रहस्य छिपा रखा था जिसकी मैंने कल्पना भी नहीं की थी।

उस दिन मैं आंगनमेंअकेली बैठी थी। मेरी आँखों से आंसू बह रहे थे। मेरा दिल दर्द से भरा था, यह सोचकरकि जयपाल ने मुझे फिर से अकेला क्यों छोड़ दिया? हर मुश्किल में मुझे यहाँ अकेला क्यों छोड़ दिया गया? आंसुओं से भीगी हुई मैंने भगवान से पूछा, 'हे प्रभु, आपने मेरी क्या परीक्षा ली है? मैं कब तक यह बोझ सहूँगा?'

अचानक, शुक्लानी, जो तब तक एक साधारण महिला थी, जैसे बदल गई हो। उसकी आँखें तेज से चमक उठीं, उसका चेहरा दिव्य आभा से दमक उठा। और उसी क्षण, वह एक भजन गाने लगी—

'जानकी, तुम मेरे साथ जंगल जाने के लिए क्यों खड़ी हो?'

तुम जंगल में कष्ट सहने क्यों जा रहे हो...'

उनकी आवाज़ में इतना दर्द और करुणा थी कि मेरा हृदय कांप उठा। मुझे ऐसा लगा मानो स्वयं देवी मेरे सामने खड़ी होकर मुझसे बात कर रही हों। उसी क्षण से मेरे और उनके

बीच गुरु-शिष्य का संबंध स्थापित हो गया। मैंने उन्हें अपना गुरु मान लिया, क्योंकि मेरी आँखों ने उनमें स्वयं देवी के दर्शन किए।

वह महीना मेरे जीवन का सबसे खास महीना था। ऐसा लगा जैसे मुझे मेरा गुरु, मेरा मार्गदर्शक मिल गया हो। प्रतिदिन उनके चरणों में बैठकर, उन्हें सुनकर, उनसे सीखकर—मेरा मन शांत होने लगा। ऐसा लगा जैसे मुझे वह सब कुछ मिल गया हो जिसकी मैं वर्षों से तलाश कर रहा था। लेकिन गुरु बनने का रास्ता कभी आसान नहीं होता। एक दिन उन्होंने मुझसे कहा, 'तुम्हें मेरी परीक्षा पास करनी होगी। जाओ और पाँच घरों के शौचालय साफ करो।'

एक पल के लिए मेरा दिल डगमगा गया। क्या सचमुच यही देवी का आदेश था? पड़ोसियों की घूरती निगाहें, उनके शब्द, समाज के ताने—सब कुछ मेरी आँखों के सामने कौंध गया। लोग मुझ पर हँसेंगे और कहेंगे, 'ये पागल हो गई है।' लेकिन भीतर से एक आवाज आई-'यदि यह गुरु का आदेश है, तो यही तुम्हारा धर्म है।'

मैंने हिम्मत जुटाई। मैंने पाँच घरों के शौचालय साफ़ किए। दुर्गंध से मेरी साँसें रुक गईं और आँखों में जलन होने लगी, लेकिन मेरे मन में बस एक ही विचार था: 'यह मेरी परीक्षा है। यह मेरा प्रायश्चित है।' पड़ोसियों ने सचमुच कहना शुरू कर दिया, 'देखो, यह औरत पागल हो गई है।' लेकिन उनकी आवाज़ें मेरे कानों तक नहीं पहुँचीं। मेरे लिए, वह क्षण दुनिया का सबसे पवित्र क्षण था।

जब मैंने यह परीक्षा पूरी की, तो गुरु माँ की आँखों में संतोष झलक रहा था। उनकी मुस्कान में आशीर्वाद झलक रहा था। यह मेरे जीवन का सबसे कठिन और सबसे पवित्र अनुभव था।

एक महीना ऐसे बीत गया मानो मैं तपस्या कर रही थी। हर पल मेरे भीतर एक नई शक्ति जागृत हो रही थी। लेकिन भाग्य में यहाँ भी एक रहस्य छिपा था। एक दिन अचानक, शुक्लानी जी फिर से एक साधारण स्त्री बन गईं। उनका दिव्य रूप मानो लुप्त हो गया। माँ के दर्शन का वह प्रत्यक्ष अनुभव समाप्त हो गया।

मैं आंसुओं से भीग गई थी। ऐसा लग रहा था मानो मुझसे सब कुछ छीन लिया गया हो। तभी भीतर से एक आवाज़ आई—'तुम्हें वह मिल गया है जो तुम्हें मिलना था। अब तुम्हें इस अनुभव को जीवन भर अपने साथ रखना होगा।'

अध्याय 7

राजौरी और आध्यात्मिक उन्नति (1976–1979)

सन् 1976 के आसपास का समय मेरे जीवन के सबसे कठिन और सबसे निर्णायक वर्षों में से एक था। परिस्थितियों ने हमें फिर एक ऐसे मोड़ पर लाकर खड़ा कर दिया, जहाँ कर्तव्य और ममता आमने-सामने खड़े दिखाई देते थे। जयपाल जी की नियुक्ति और स्थानांतरणों के कारण हमें जम्मू-कश्मीर के राजौरी जाना पड़ा। मैं उनके साथ गई, लेकिन जीवन की सबसे बड़ी पीड़ा यह थी कि मुझे अपने सभी बच्चों को अपने साथ नहीं रख पाने का दुःख सहना पड़ा। उस समय मेरे साथ केवल सबसे छोटा बेटा, नन्हा आशुतोष था। बाकी बच्चों को परिस्थितियों के कारण मेरठ में ही छोड़ना पड़ा।

मां होने का सबसे गहरा घाव यही होता है कि अपनी कोख से जन्मे बच्चों को अपने से दूर करना पड़े। यह कोई साधारण दूरी नहीं थी; यह हर रात का काँटा था, हर प्रार्थना का दर्द था। मैं बाहर से सामान्य बनी रहती, लेकिन भीतर से एक-एक दिन टूटती भी थी और खुद को समेटती भी थी। जब मैं रात को आशुतोष को अपने पास सुलाती, तो मेरी आँखों के सामने ममता, कृष्णकांत और दीपा के चेहरे घूमने लगते। मैं सोचती—वे कैसे होंगे, किसने उन्हें खाना खिलाया होगा, कौन उनके सिर पर हाथ फेरकर सुलाता होगा, कौन उनके दुख-सुख सुनता होगा?

राजौरी पहुँचना मेरे लिए केवल एक नए शहर में जाना नहीं था; वह जीवन के एक और अपरिचित अध्याय में प्रवेश था। वह क्षेत्र अपने स्वभाव, भाषा, वातावरण और लोगों में हमारे लिए बिल्कुल भिन्न था। पहाड़ियों का विस्तार, हवा में एक अनकही कठोरता, और जीवन की अपनी गति—सब कुछ नया था। शुरुआत में मुझे सब कुछ थोड़ा अपरिचित लगा, लेकिन धीरे-धीरे मैंने उस स्थान को भी अपनी साधना का हिस्सा बना लिया।

उसी समय मेरे भीतर रामायण के प्रति जो श्रद्धा पहले से थी, वह और अधिक प्रकट होने लगी। मैं जहाँ भी रहती, वहाँ संध्या के समय रामायण का पाठ मेरे लिए केवल धार्मिक अनुष्ठान नहीं, बल्कि मानसिक सहारा बन जाता। राजौरी में धीरे-धीरे लोगों को यह ज्ञात होने लगा कि मैं श्रद्धा और लगन से रामायण पाठ करती हूँ। एक घर से दूसरे घर तक यह बात पहुँची, और फिर ऐसा समय आया जब जहाँ भी रामायण पाठ, सुंदरकांड, या कोई धार्मिक आयोजन होता, मुझे आदरपूर्वक बुलाया जाने लगा।

मैंने कभी इसे प्रसिद्धि के रूप में नहीं देखा, लेकिन सच यह है कि राजौरी में लोग मुझे पहचानने लगे थे। वहाँ अनेक परिवारों में मुझे प्रेम और सम्मान से बुलाया जाता था। वे कहते—'पुष्पलता जी आएँगी तो पाठ में अलग ही शांति आएगी।' मेरे लिए यह सब ईश्वर की कृपा थी। जिन दिनों भीतर से मैं अपने बच्चों के बिछोह में टूटती थी, उन्हीं दिनों रामायण पाठ मेरे लिए संबल बन जाता था। मानो भगवान ने एक हाथ से मेरी परीक्षा ली, तो दूसरे हाथ से मुझे वही शक्ति भी दी, जिससे मैं स्वयं को संभाल सकूँ।

राजौरी का समय 1976 से 1979 तक हमारे जीवन का एक अनोखा अध्याय रहा। मैं अधिकतर आशुतोष के साथ वहीं रही। कुछ समय के लिए ममता मेरे पास आई भी, लेकिन परिस्थितियाँ ऐसी बनीं कि उसे फिर से मेरठ भेजना पड़ा। एक माँ के लिए बार-बार अपने बच्चों को पास बुलाकर फिर दूर करना कितना कठिन होता है, यह वही समझ सकती है जिसने यह पीड़ा सही हो। जब ममता वापस गई, तो ऐसा लगा मानो मेरे हृदय का एक हिस्सा फिर से अलग हो गया। लेकिन मैंने अपने आँसुओं को अपनी प्रार्थनाओं में बदलना सीख लिया था।

इन्हीं वर्षों में मैं भीतर से और भी अधिक आध्यात्मिक हो गई। मैंने अनुभव किया कि जीवन में जब मनुष्य के पास अपने नियंत्रण में बहुत कम रह जाता है, तब केवल भक्ति ही वह धागा बनती है जिससे वह टूटने से बचता है। रामायण के प्रत्येक प्रसंग में मुझे अपने जीवन का कोई न कोई उत्तर मिलने लगा। सीता जी का धैर्य, राम का मर्यादित आचरण, भरत का त्याग, हनुमान की निष्ठा—सब कुछ मेरे जीवन को भीतर से दिशा देने लगा।

अध्याय 8

सेवा-पद उन्नति-जलंधर-पठानकोट (1979–1985)

फिर समय ने एक और मोड़ लिया। सन् 1979 में जयपाल जी का स्थानांतरण पंजाब के जालंधर शहर में हुआ। राजौरी की पहाड़ियों से निकलकर जालंधर पहुँचना एक अलग ही दुनिया में प्रवेश जैसा था। जालंधर एक बड़ा, जीवंत और गतिशील शहर था। वहाँ जीवन की रफ्तार अलग थी। लोगों की बोली, चाल-ढाल, बाजारों की हलचल, और सरकारी दफ्तरों का वातावरण—सब कुछ नई अनुभूति देता था।

यहीं आकर मैंने महसूस किया कि सचमुच हमारे जीवन का समय धीरे-धीरे बदल रहा है। जयपाल जी अब केवल एक कर्मचारी नहीं रहे थे; उनका व्यक्तित्व और कार्यक्षमता उन्हें अलग पहचान दिलाने लगे थे। इसी समय उनकी पदोन्नति हुई और वे सेक्शन ऑफिसर बने। यह पद केवल वेतन वृद्धि या दफ्तर की उन्नति भर नहीं था; यह उनके व्यक्तित्व, अनुशासन, ईमानदारी और योग्यता की औपचारिक स्वीकृति थी।

उनकी जिम्मेदारियाँ बढ़ीं। अब वे सेना की विभिन्न इकाइयों के खातों का ऑडिट करने जाते थे। यह काम अत्यंत संवेदनशील था। जहाँ सामान्य व्यक्ति केवल नौकरी देखता, वहाँ जयपाल जी इसे धर्म की तरह निभाते थे। उन्हें कई बार ऐसे अवसरों का सामना करना पड़ता, जहाँ लोग अपने काम निकलवाने के लिए उन्हें लालच देने की कोशिश करते। कोई उपहार देना चाहता, कोई रुपयों से प्रभावित करना चाहता, कोई व्यक्तिगत लाभ का प्रस्ताव रखता। लेकिन जयपाल जी का स्वभाव ऐसा था कि उन्होंने जीवन भर ईमानदारी को ही अपनी पूँजी माना।

वे कहा करते थे कि मेहनत की कमाई ही सच्चा धन है। एक भी रुपया गलत लेना उनके स्वभाव में नहीं था। मैंने अपनी आँखों से देखा है कि कितनी ही बार लोग अपने काम निकलवाने के लिए हर संभव उपाय लेकर उनके पास आते, लेकिन वे बिल्कुल अडिग रहते। उनका चेहरा शांत रहता, आवाज़ विनम्र रहती, लेकिन निर्णय पत्थर की लकीर की तरह स्पष्ट होता—'जो सही है, वही होगा।'

धीरे-धीरे यही ईमानदारी उनकी सबसे बड़ी पहचान बन गई। वरिष्ठ रक्षा अधिकारियों के बीच उनका नाम सम्मान से लिया जाने लगा। वे केवल एक अधिकारी नहीं, बल्कि विश्वास का केंद्र बनते जा रहे थे। जहाँजहाँ ऑडिट का काम होता, वहाँ लोग जानते थे कि जयपाल जी का मतलब है—साफ काम, सच्ची रिपोर्ट, और बिना समझौते की सत्यनिष्ठा।

उनकी यह प्रतिष्ठा केवल दफ्तर तक सीमित नहीं रही। हम जहाँ भी रहते, लोग उनके बारे में आदर से बात करते। मुझे भीतर से गर्व होता, लेकिन उससे भी अधिक संतोष इस बात का होता कि उन्होंने अपनी प्रगति के लिए कभी अपने सिद्धांतों का सौदा नहीं किया।

जालंधर का समय हमारे परिवार के लिए भी पुनर्गठन का समय था। अब धीरे-धीरे बच्चे फिर से हमारे पास लौटने लगे। ममता, जिसने मेरठ में रहकर हाई स्कूल पूरा किया था, सन् 1980 में हमारे पास जालंधर आ गई। उसने वहाँ कक्षा 11 में प्रवेश लिया। उस समय पंजाब में उत्तर प्रदेश से आए लोगों को कई बार हीन दृष्टि से 'भैया' कहकर पुकारा जाता था। यह शब्द केवल संबोधन नहीं, बल्कि एक सामाजिक दूरी का संकेत भी बन जाता था।

लेकिन ममता ने अपने परिश्रम और प्रतिभा से सबकी सोच बदल दी। उसने पढ़ाई में असाधारण सफलता प्राप्त की और गुरु नानक देव विश्वविद्यालय में गोल्ड मेडल हासिल किया। जब यह समाचार फैला, तो सभी लोग आश्चर्य और गर्व से भर उठे। लोग कहने लगे—'जयपाल जी की ईमानदारी और पुण्य का फल है कि उनके बच्चे भी इतना नाम कमा रहे हैं।'

एक माँ के रूप में उस समय मेरा हृदय भर आता था। जिन बच्चों के लिए मैंने दूर रहकर आँसू बहाए थे, अब वही बच्चे अपने परिश्रम से घर का नाम ऊँचा कर रहे थे।

इसी बीच कृष्णकांत भी स्थायी रूप से हमारे पास आ गया और उसने जालंधर में आठवीं कक्षा में प्रवेश लिया। अब परिवार का एक बड़ा हिस्सा फिर से एकत्रित होने लगा था। घर में बच्चों की आवाज़ें, पढ़ाई का वातावरण, जयपाल जी की नौकरी की गरिमा, और मेरे भीतर का धार्मिक आधार—सब मिलकर एक नई स्थिरता की नींव रख रहे थे।

फिर भी एक पीड़ा बाकी थी—दीपा अभी भी मेरठ में थी। वह मेरी छोटी बहन कुसुमलता और मेरे देवर सत्यप्रकाश के साथ रह रही थी। यद्यपि मुझे संतोष था कि वह अपने ही लोगों के बीच है, लेकिन एक माँ का मन भला कैसे मान लेता है? रात को जब मैं सब बच्चों को देखती, तो दीपा की अनुपस्थिति मेरे मन में एक खाली स्थान छोड़ देती। मैं कितनी ही बार रोते-रोते भगवान से पूछती—'एक माँ अपनी बेटी को अपने से दूर रखकर कैसे पूर्ण रह सकती है?' सन् 1983 तक जालंधर का समय हमें बहुत कुछ देकर गया—जयपाल जी की प्रतिष्ठा, बच्चों की शिक्षा में प्रगति, और परिवार के फिर से एक सूत्र में बँधने की शुरुआत।

फिर सन् 1985 में जयपाल जी का स्थानांतरण पंजाब के ही एक और शहर, पठानकोट, में हुआ। पठानकोट का समय भी हमारे लिए शुभ रहा। वहाँ जयपाल जी को ऑडिट सेक्शन मिला। अब उन्हें डलहौजी और अन्य स्थानों पर सेना के खातों के ऑडिट के लिए जाना पड़ता था। उनका काम और भी व्यापक हो गया था। यात्रा बढ़ी, जिम्मेदारी बढ़ी, लेकिन उनके भीतर का संयम वैसा ही रहा।

इस समय तक हमारे जीवन में मानो अन्नपूर्णा की कृपा उतरने लगी थी। पहले जहाँ जीवन केवल संघर्ष का पर्याय लगता था, अब धीरे-धीरे उसमें समृद्धि का स्पर्श आने लगा। इसका अर्थ यह नहीं कि वैभव आ गया था, बल्कि अब जीवन में अभाव की कड़वाहट कम होने लगी थी। घर में भोजन की चिंता पहले जैसी नहीं रही, बच्चों की पढ़ाई व्यवस्थित होने लगी, और मन में एक स्थिर संतोष आने लगा।

सबसे बड़ा सुख तो तब मिला जब दीपा भी हमारे पास आ गई। उस दिन मुझे सचमुच लगा कि वर्षों की मेरी प्रार्थनाएँ सुनी गईं। अब परिवार लगभग पूर्ण रूप से एक हो चुका था। इतने वर्षों के बिछोह, यात्राओं, आँसुओं और प्रतीक्षा के बाद हम सब एक साथ थे।

लेकिन संघर्ष ने हमारा साथ पूरी तरह छोड़ा नहीं था। पठानकोट से जम्मू स्थानांतरण से पहले जयपाल जी को लगभग छह महीने तक अप-डाउन करना पड़ा। वह समय अत्यंत कठिन था। वे प्रातः बहुत जल्दी ट्रेन पकड़ते, दिनभर काम करते और देर रात वापस लौटते। यह शारीरिक रूप से थकाने वाला और मानसिक रूप से भी कष्टदायक समय था।

मैं देखती थी कि उनके चेहरे पर थकान स्पष्ट होती थी, लेकिन उन्होंने कभी शिकायत नहीं की। वे घर लौटते, बच्चों को देखते, उनसे दो बातें करते, और फिर अगले दिन उसी क्रम के लिए स्वयं को तैयार कर लेते।

उस समय मैंने भी अपने मन को यही समझाया कि अब जब पूरा परिवार एक साथ है, तो यह कठिनाई भी पार हो जाएगी। सच तो यह है कि जब परिवार साथ हो, तो संघर्ष का भार भी कुछ हल्का लगने लगता है। हम सबने मिलकर वह समय हँसते-हँसते पार किया।

आज जब मैं पीछे मुड़कर देखती हूँ, तो 1976 से 1985 तक का यह पूरा कालखंड मुझे एक लंबी यात्रा की तरह दिखाई देता है—जिसमें आँसू भी थे, लेकिन उनके भीतर आस्था भी थी; बिछोह भी था, लेकिन अंततः मिलन भी; संघर्ष भी था, लेकिन उसी के भीतर सम्मान, प्रतिष्ठा और ईश्वर की कृपा की उजली धारा भी बह रही थी।

यही वे वर्ष थे जिन्होंने हमें भीतर से तोड़ा नहीं, बल्कि गढ़ा। जयपाल जी की ईमानदारी, बच्चों की मेहनत, और मेरे भीतर की भक्ति, इन तीनों ने मिलकर उस जीवन की आधारशिला रखी, जिसकी छाया में आगे चलकर हमारा पूरा परिवार स्थिरता, सम्मान और सुख का अनुभव कर सका।

अध्याय 9

सेवा का स्वर्ण काल-जम्मू-राजौरी-मेरठ (1985–1993)

जम्मू में बिताए गए वे वर्ष, विशेष रूप से 1985 से 1990 तक का समय, हमारे जीवन के सबसे महत्वपूर्ण और परिवर्तनकारी कालखंडों में से एक था। यह वह समय था जब संघर्ष धीरे-धीरे स्थिरता में बदल रहा था, और वर्षों की तपस्या अब अपना फल देने लगी थी। जयपाल जी अपने कार्य के प्रति पूर्णतः समर्पित थे। उनकी ईमानदारी, उनकी निष्ठा और उनके अनुशासन ने उन्हें विभाग में एक विशेष स्थान दिलाया। इन्हीं वर्षों में उन्हें पदोन्नति मिली और वे सहायक लेखा अधिकारी (Assistant Accounts Officer– AAO) बने। यह केवल एक पदोन्नति नहीं थी, बल्कि उनके पूरे जीवन के संघर्ष की औपचारिक स्वीकृति थी। अब वे एक गजटेड अधिकारी बन चुके थे। धनपुर की मिट्टी में नंगे पाँव संघर्ष करता हुआ जो बालक कभी साधारण परिस्थितियों में बड़ा हुआ था, वही अब एक प्रथम श्रेणी अधिकारी के रूप में खड़ा था। यह क्षण केवल उनके लिए ही नहीं, बल्कि पूरे परिवार के लिए अत्यंत गर्व का विषय था।

जब यह समाचार मेरठ और धनपुर पहुँचा, तो हर कोई गर्व और आश्चर्य से भर उठा। लोग कहा करते थे, 'देखो, जयपाल ने अपने जीवन से क्या कर दिखाया, यह सब उसकी मेहनत और सच्चाई का फल है।' उनकी कार्यशैली अन्य लोगों से भिन्न थी। जहाँ कई लोग नौकरी को केवल रोज़गार के रूप में निभाते थे, वहीं जयपाल जी अपने कार्य को धर्म के समान निभाते थे। उन्हें ऑडिट के अनेक महत्वपूर्ण सेक्शन सौंपे जाते थे। यह केवल उनकी योग्यता का परिणाम नहीं था, बल्कि विभाग को उन पर जो गहरा विश्वास था, उसका भी प्रमाण था। हालाँकि जहाँ सम्मान होता है, वहाँ ईर्ष्या भी जन्म लेती है। कुछ लोग यह समझ नहीं पाते थे कि इतनी साधारण पृष्ठभूमि से आया हुआ व्यक्ति इतनी ऊँचाई तक कैसे पहुँच गया। लेकिन जयपाल

जी इन बातों से अप्रभावित रहते थे। उनका ध्यान केवल अपने कार्य पर रहता था। वे हमेशा कहते थे, 'जो सही है, वही करना है। बाकी सब अपने आप ठीक हो जाएगा।'

इसी काल में परिवार के स्तर पर भी सुखद परिवर्तन आने लगे। ममता ने अपनी पढ़ाई पूरी निष्ठा और लगन के साथ जारी रखी और जम्मू विश्वविद्यालय से अंग्रेज़ी विषय में एम.फिल. किया। वह भी पूरे विश्वविद्यालय में प्रथम स्थान और गोल्ड मेडल के साथ। जब यह समाचार मिला, तो मेरा हृदय गर्व से भर उठा। मैंने सोचा—यह केवल उसकी व्यक्तिगत मेहनत नहीं, बल्कि वर्षों की हमारी तपस्या का फल है। कृष्णकांत ने भी अपना स्नातक पूरा किया। दीपा ने भी अपनी शिक्षा पूरी कर ली थी। और आशुतोष, जो कभी मेरी गोद में था, अब बड़ा होकर अपनी बारहवीं कक्षा पूर्ण कर चुका था। धीरे-धीरे मुझे लगने लगा कि शायद अब हमारे जीवन का वह अत्यंत कठिन दौर पीछे छूट रहा है। लेकिन ईश्वर की योजना अभी पूरी तरह प्रकट नहीं हुई थी।

सन् 1990 के आसपास, एक रात मुझे एक अत्यंत स्पष्ट सपना आया। मैंने अपने ससुर जी, ज्योति प्रसाद जी को देखा। वे मेरे सामने शांत, स्थिर और गंभीर खड़े थे, लेकिन उनकी आँखों में एक गहरी पुकार थी।

उन्होंने कहा—'बहू, बच्चों के साथ मेरठ आ जाओ, तभी मुझे तसल्ली मिलेगी और मैं यहाँ से जा सकूँगा।' मैं एकदम घबराकर उठ बैठी। मेरा हृदय तेज़ी से धड़क रहा था। वह कोई साधारण सपना नहीं था; उसमें एक ऐसा संकेत था, जिसे अनदेखा करना संभव नहीं था। मैंने यह बात तुरंत जयपाल जी को बताई। उन्होंने ध्यान से सुना और बिना किसी संदेह के कहा—'यह केवल सपना नहीं है। यह पिता जी का आदेश है। हमें जाना ही होगा।' उनकी बात में इतनी दृढ़ता थी कि मेरे मन में कोई प्रश्न शेष नहीं रहा। हमने तुरंत निर्णय कर लिया कि बच्चों को लेकर मेरठ जाना है।

सितंबर 1990 में हम सभी मेरठ आ गए। जयपाल जी अभी जम्मू में ही थे और अपने स्थानांतरण आदेश की प्रतीक्षा कर रहे थे, जिसे रक्षा मुख्यालय, दिल्ली से स्वीकृति मिलनी थी। जब हम मेरठ पहुँचे, तो मेरे ससुर जी हमें देखकर अत्यंत प्रसन्न हुए। उनके चेहरे पर जो संतोष था, वह ऐसा प्रतीत होता था मानो किसी लंबी प्रतीक्षा से उन्हें मुक्ति मिल गई हो।

मैं यह कभी नहीं भूल सकती कि मेरठ पहुँचने के बाद सभी बच्चों ने किस प्रकार काम प्रारंभ किया और परिवार का सहारा बने। वे भली-भाँति समझते थे कि उनके पिता ने पूरे जीवन संघर्ष किया है, इसलिए अब उनका कर्तव्य है कि वे उनका साथ दें। कृष्णकांत ने एक

आईटी कंपनी में नौकरी प्रारंभ की। दीपा ने एक विद्यालय में अध्यापन कार्य आरंभ किया। ममता को भी मेरठ के एक प्रतिष्ठित पब्लिक स्कूल में शिक्षिका के रूप में कार्य मिल गया। उसी समय, सितंबर 1990 में, जब हम मेरठ आए थे, मध्य प्रदेश लोक सेवा आयोग की भर्ती भी निकली। ममता ने उसमें आवेदन किया। यह भी एक संयोग नहीं, बल्कि ईश्वर की योजना जैसा ही प्रतीत हुआ। 1991 में उसने परीक्षा उत्तीर्ण कर ली और उसे साक्षात्कार के लिए बुलाया गया, यद्यपि तिथि अभी घोषित नहीं हुई थी।

नवंबर 1991 का वह समय हमारे जीवन के लिए अत्यंत संवेदनशील और भावनात्मक बन गया। एक दिन अचानक पिताजी, ज्योति प्रसाद जी, घर में गिर पड़े। यह घटना इतनी अचानक हुई कि हम सब घबरा गए। उन्हें तुरंत संभाला गया, लेकिन उस गिरने के बाद वे अचेत हो गए। धीरे-धीरे यह स्पष्ट हो गया कि वे गहरी बेहोशी, अर्थात् कोमा की अवस्था में चले गए हैं। घर का वातावरण एकदम बदल गया। जो घर कुछ समय पहले तक सामान्य जीवन की गति में था, अब हर क्षण चिंता और प्रतीक्षा में डूब गया।

हमने तुरंत जयपाल जी को सूचना भेजी। उस समय टेलीग्राम ही सबसे तेज़ साधन था, और उसे पहुँचने में भी दो-तीन दिन लग जाते थे। लेकिन ईश्वर की लीला देखिए—उसी समय जयपाल जी ने बिना किसी सूचना के ही मेरठ आने का निश्चय कर लिया और अपना टिकट भी करा लिया। जब वे ट्रेन में थे, तब उन्हें एक अजीब-सा अनुभव हुआ—मानो भीतर से कोई कह रहा हो कि उनके पिता अब इस संसार में नहीं रहे और सच में, नवंबर 1991 में मेरे ससुर जी इस संसार को छोड़कर चले गए। उस क्षण मुझे अपने उस स्वप्न की याद आई। अब समझ में आया कि उन्होंने क्यों कहा था—'आ जाओ'।

अगले दिन अंतिम संस्कार की तैयारी हो रही थी। हम सब जयपाल जी की प्रतीक्षा कर रहे थे, क्योंकि बड़े पुत्र होने के नाते अंतिम क्रिया का दायित्व उन्हीं पर था। समय बीत रहा था और ट्रेन अभी तक नहीं पहुँची थी। ऐसा प्रतीत होने लगा कि शायद छोटे भाई सत्यप्रकाश को ही यह दायित्व निभाना पड़ेगा। लेकिन तभी, जैसे किसी ने समय को थाम लिया हो, जयपाल जी वहाँ पहुँच गए। वह क्षण किसी चमत्कार से कम नहीं था। ऐसा लगा मानो उनके पिता स्वयं सब देख रहे हों और उन्होंने ही उन्हें समय पर वहाँ पहुँचा दिया हो। उस दिन अंतिम संस्कार पूर्ण हुआ और हमारे जीवन का एक अत्यंत महत्वपूर्ण अध्याय समाप्त हो गया।

लेकिन उसी समय एक नया अध्याय भी प्रारंभ हो रहा था। ज्योति प्रसाद जी के जाने के बाद, मानो वे हमें एक उपहार देकर गए—ममता के विवाह के लिए एक अच्छा परिवार हमारे पास आया, और वह लड़का अत्यंत अच्छा था। 26 फरवरी 1992 को उसका विवाह संपन्न

हुआ। विवाह के तुरंत बाद ही जयपाल जी का स्थानांतरण मेरठ हो गया। फिर जैसे सब कुछ एक साथ आगे बढ़ने लगा—ममता को साक्षात्कार की तिथि मिल गई। जयपाल जी स्वयं उसे लेकर इंदौर गए। उस समय मेरे मन में केवल एक ही प्रार्थना थी—'हे प्रभु, अब तक आपने हर कदम पर साथ दिया है, अब भी कृपा बनाए रखना।' और सच में, ईश्वर ने हमारी प्रार्थना सुन ली। ममता ने साक्षात्कार भी उत्तीर्ण किया और सीधे अंग्रेज़ी की सहायक प्राध्यापक (Assistant Professor)के रूप में चयनित हुई। यह हमारे पूरे परिवार के लिए अत्यंत गर्व का क्षण था। 1993 में, जब उसकी पहली संतान यशिका का जन्म हुआ, उसी समय उसकी नियुक्ति भी आ गई और उसने पन्ना में अपनी सेवा प्रारंभ की। उस दिन मुझे यह अनुभव हुआ कि हमारे जीवन के वर्षों के संघर्ष, त्याग और प्रतीक्षा अब एक-एक करके अपना फल दे रहे हैं।

मेरठ आने के बाद जयपाल जी को निरंतर ऐसी ज़िम्मेदारियाँ और पद मिलते गए, जो हर किसी के हिस्से में नहीं आते। उनके कार्य की पहचान इतनी बढ़ गई थी कि उनका नाम दिल्ली स्थित रक्षा मंत्रालय के मुख्यालय तक पहुँच गया। अब जीवन सही दिशा में आगे बढ़ता हुआ प्रतीत हो रहा था। वर्षों का संघर्ष मानो अब अपना प्रतिफल देने लगा था।

भाग III
परिवार की पूर्णता और देवभूमि का चमत्कार

अध्याय 10

सेवा-निवृत्ति, सपनों का साकार होना (1994–2002)

सन् 1994 में दीपा के लिए एक उपयुक्त विवाह प्रस्ताव आया और जनवरी 1995 में उसका विवाह संपन्न हुआ। वह मेरठ का एक अत्यंत सम्मानित परिवार था। मेरे दामाद के मामा श्री रजनीश कुमार उस समय स्टेट बैंक ऑफ इंडिया में जनरल मैनेजर थे और आगे चलकर उसी बैंक के चेयरमैन भी बने। इस संबंध को देखकर बहुत से लोग आश्चर्यचकित रह जाते। वे अक्सर कहा करते—'जयपाल जी ने अपने कर्तव्यों को इतनी सहजता से कैसे निभा लिया? इतने अच्छे परिवारों से रिश्ते कैसे जुड़ गए?' इस पर जयपाल जी बहुत सरलता से कहते, 'सब प्रभु कर रहे हैं, मैं कुछ नहीं कर रहा।' उनकी यही भावना थी कि वे स्वयं को केवल एक माध्यम मानते थे, और सब कुछ ईश्वर की इच्छा का परिणाम समझते थे। सच में, ऐसा लगता था मानो ईश्वर स्वयं उनके जीवन से एक-एक करके सभी चिंताएँ और जिम्मेदारियाँ हल्की करते जा रहे हों। मुझे आज भी याद है, जब हमारी बेटियों की शादी से पहले कुछ लोग जयपाल जी से कहा करते थे—'आपकी दो बेटियाँ हैं, यह बहुत बड़ी जिम्मेदारी है, आप इसे कैसे निभा पाएँगे?' लेकिन वे हर बार शांत और विश्वास भरे स्वर में यही कहते—'सब भगवान करेंगे।' और सचमुच, भगवान ने सब कुछ कर दिखाया। आज पीछे मुड़कर देखती हूँ, तो स्पष्ट लगता है कि हमारे जीवन में जो कुछ भी हुआ, वह केवल संयोग नहीं था—वह ईश्वर की कृपा और जयपाल जी के अडिग विश्वास का परिणाम था। हमारा जीवन सचमुच चमत्कारों से भरा रहा है।

सन् 1195 हमारे जीवन का एक और महत्वपूर्ण वर्ष बन गया। इसी वर्ष दीपा का विवाह संपन्न हुआ। उसके विवाह के साथ ही एक और बड़ी जिम्मेदारी भी पूर्ण हुई। एक माँ के रूप

में मेरे मन में एक गहरी संतोष की अनुभूति थी कि मेरी दोनों बेटियाँ अब अपने-अपने घरों में ससम्मान स्थापित हो चुकी हैं। दीपा के विवाह के तुरंत बाद ही हमारे सबसे छोटे पुत्र आशुतोष ने भी अपने जीवन की नई दिशा पकड़ ली। उसे Hoechst India Limited, जो एक प्रतिष्ठित फार्मास्यूटिकल कंपनी थी, में आगरा में मेडिकल रिप्रेजेंटेटिव के रूप में नौकरी मिली। यह हमारे लिए अत्यंत गर्व का क्षण था। अब हमारे दोनों पुत्र अपने पैरों पर खड़े हो चुके थे, और बेटियाँ भी अच्छे और सम्मानित परिवारों में अपने जीवन को आगे बढ़ा रही थीं। जयपाल जी के चेहरे पर उस समय जो संतोष था, उसे शब्दों में व्यक्त करना कठिन है। वे अक्सर शांत भाव से कहते, 'अब बच्चों की चिंता धीरे-धीरे समाप्त हो रही है।' उनकी आँखों में ऐसी शांति दिखाई देती थी, जिसे वही व्यक्ति अनुभव कर सकता है जिसने अपना पूरा जीवन अपने परिवार के लिए जिया हो।

फिर भी, जीवन पूरी तरह सरल नहीं हुआ था। इसी समय ममता मध्य प्रदेश के पन्ना में अपनी नौकरी पर कार्यरत थीं, जबकि उनके पति लखनऊ में सेंट्रल बैंक में नियुक्त थे। दोनों अलग-अलग राज्यों में थे, और उस समय सरकारी नौकरी में स्थानांतरण कराना अत्यंत कठिन माना जाता था। एक माँ के रूप में यह दूरी मुझे कई बार भीतर तक व्याकुल कर देती थी। मैं अक्सर सोचती—'कैसे वे दोनों इतने दूर रहकर अपना जीवन संभाल रहे होंगे? क्या वे एक साथ नहीं रह सकते?' यह चिंता मेरे मन में कई बार उठती, लेकिन फिर मैं स्वयं को समझा लेती कि शायद यही समय की एक और परीक्षा है।

लेकिन हमारे जीवन में जैसे चमत्कारों की एक धारा निरंतर बहती रही थी, वैसे ही इस परिस्थिति में भी एक अद्भुत घटना घटी। आशुतोष के एक मित्र थे, जिनके चाचा रिज़र्व बैंक में डायरेक्टर के पद पर कार्यरत थे। किसी प्रकार यह बात उनके माध्यम से आगे बढ़ी, और उन्होंने ममता के पति के स्थानांतरण में सहायता करने का प्रयास किया। जो कार्य सामान्यतः वर्षों में भी संभव नहीं होता, वह मात्र पंद्रह दिनों के भीतर पूर्ण हो गया। उनका स्थानांतरण हो गया और वे एक साथ रहने लगे। यह घटना हमारे लिए किसी चमत्कार से कम नहीं थी। अंतर्राज्यीय बैंक स्थानांतरण उस समय अत्यंत कठिन माने जाते थे, और इतने कम समय में उसका हो जाना वास्तव में ईश्वर की कृपा का ही संकेत था। जब यह समाचार मिला, तो मेरे हृदय में एक गहरा संतोष उतर आया। मैंने मन ही मन भगवान को धन्यवाद दिया और कहा—'आपने फिर एक बार हमारी चिंता दूर कर दी।' और इन सबके बीच जयपाल जी शांत भाव से सब कुछ देखते रहते, जैसे कोई वृक्ष अपनी शाखाओं को फैलते हुए देखता है, बिना किसी अपेक्षा के, केवल संतोष के साथ।

अब हमारे पुत्र कृष्णकांत के लिए भी विवाह प्रस्ताव आने लगे थे। धीरे-धीरे समय ने एक और महत्वपूर्ण मोड़ लिया, और जुलाई 1996 में उसका विवाह मेरठ के एक प्रतिष्ठित औद्योगिक परिवार में संपन्न हुआ। यह हमारे लिए एक और सुखद क्षण था। एक-एक करके बच्चों का जीवन अपनी दिशा पकड़ रहा था, और हम केवल ईश्वर का धन्यवाद ही कर सकते थे। इसी बीच, दिसंबर 1995में दीपा को एक पुत्र रत्न की प्राप्ति हुई, जिसका नाम दीपेश मित्तल रखा गया। घर में एक नई किलकारी गूँजी और वातावरण में एक अलग ही आनंद भर गया। फिर 1998 में कृष्णकांत के घर एक बेटी का जन्म हुआ, जिसका नाम श्रुति गुप्ता रखा गया। श्रुति के जन्म के बाद जयपाल जी के चेहरे पर जो प्रसन्नता थी, वह विशेष थी। इतने वर्षों तक केवल जिम्मेदारियाँ निभाने के बाद अब उन्हें छोटे बच्चों के साथ समय बिताने का अवसर मिल रहा था। वे अक्सर श्रुति को अपनी गोद में लेकर खेलते, उससे बातें करते, और उसके साथ हँसते हुए मानो अपने जीवन के वे क्षण फिर से जीते, जो पहले जिम्मेदारियों के कारण कहीं पीछे छूट गए थे।

फरवरी 2000 में जयपाल जी का स्थानांतरण एक अत्यंत सुंदर पर्वतीय स्थल, लैंसडाउन (Lansdowne), में हुआ। यह स्थान अपनी प्राकृतिक सुंदरता, शांति और सेना की उपस्थिति के लिए प्रसिद्ध था। इसी समय उन्हें पदोन्नति भी मिली और वे लेखा अधिकारी (Accounts Officer) बन गए। यह उनके करियर का एक और महत्वपूर्ण पड़ाव था। अब उनकी जिम्मेदारियाँ और भी बढ़ गई थीं। उनका कार्यालय बड़ा था, कार्यक्षेत्र विस्तृत था, और उन्हें विभिन्न सेना इकाइयों के खातों का ऑडिट करना होता था। लैंसडाउन एक सैन्य क्षेत्र होने के कारण उनका कार्य अत्यंत महत्वपूर्ण और संवेदनशील था। लेकिन जैसा कि सदैव रहा, उन्होंने अपने कार्य को पूर्ण निष्ठा और ईमानदारी के साथ निभाया।

जीवन अब एक स्थिर और संतुलित गति से आगे बढ़ रहा था। जहाँ कभी संघर्ष और अनिश्चितता थी, वहाँ अब संतोष, परिवार का साथ और ईश्वर की कृपा का अनुभव स्पष्ट दिखाई देता था। और इन सबके बीच, जयपाल जी उसी शांत और समर्पित भाव से अपने कर्तव्यों का निर्वहन करते रहे—जैसे एक दीपक, जो बिना किसी अपेक्षा के निरंतर प्रकाश देता रहता है।

सन् 2001 हमारे जीवन में अनेक नई खुशियाँ लेकर आया। इसी वर्ष श्रुति की छोटी बहन का जन्म हुआ, जिसका नाम शुभांगी गुप्ता रखा गया। उसी वर्ष दीपा को दूसरी संतान के रूप में पुत्र रत्न की प्राप्ति हुई, जिसका नाम आशीष मित्तल रखा गया। इसी काल में ममता को भी दूसरी पुत्री का आशीर्वाद मिला, जिसका नाम सौम्या गर्ग रखा गया। इन नई किलकारियों के साथ हमारे बच्चों के परिवार पूर्णता की ओर बढ़ने लगे और पूरे घर-परिवार में संतोष, आनंद और ईश्वर की कृपा का वातावरण स्पष्ट रूप से अनुभव होने लगा।

अब घर सचमुच बच्चों की हँसी और चहल-पहल से भर गया था। हर कोना जीवंत हो उठा था—कभी बच्चों की खिलखिलाहट, कभी उनकी मासूम बातें, कभी उनके छोटे-छोटे झगड़े। यह सब मिलकर जीवन में एक नई ऊर्जा भर रहे थे। इतने वर्षों तक केवल जिम्मेदारियाँ निभाने के बाद अब हमें उन क्षणों का सुख मिलने लगा था, जिनमें परिवार की थकान बच्चों की हँसी से दूर हो जाती है।

इसी समय आशुतोष के जीवन में भी एक महत्वपूर्ण मोड़ आया। उन्होंने एक साहसिक निर्णय लिया—अपनी नौकरी छोड़कर आगे की पढ़ाई करने का। उन्होंने एम.बी.ए. करने का निश्चय किया। यह निर्णय बिल्कुल सरल नहीं था। नौकरी छोड़ना, अनिश्चित भविष्य को स्वीकार करना, और फिर से पढ़ाई में मन लगाना। यह सब एक बड़ा जोखिम था। लेकिन आशुतोष के भीतर एक दृढ़ विश्वास था, और उस विश्वास को हमने भी पूरे मन से स्वीकार किया। मैं और जयपाल जी दोनों ने उसका पूरा साथ दिया। हमने कभी उसे रोका नहीं, बल्कि हमेशा यही कहा—'अगर तुम्हारा मन यही कहता है, तो पूरे विश्वास के साथ आगे बढ़ो।'

मैं यहाँ एक ऐसी घटना का उल्लेख करना चाहती हूँ, जो हमारी चमत्कारों की शृंखला में एक और अनमोल कड़ी बन गई। यह घटना हमारे जीवन की उन स्मृतियों में से है, जिन्हें मैं आज भी याद करती हूँ तो मन श्रद्धा, आश्चर्य और कृतज्ञता से भर उठता है। उस समय आशुतोष अपने भविष्य को लेकर पूरी लगन से प्रयास कर रहे थे। उन्होंने कई प्रवेश परीक्षाओं की तैयारी की, लेकिन बार-बार प्रयास करने पर भी सफलता हाथ नहीं लग रही थी। एक-एक करके अवसर समाप्त होते जा रहे थे और अंततः केवल एक ही परीक्षा शेष रह गई थी, जो जून 2001 में होने वाली थी।

फरवरी के महीने में उन्होंने हमसे कहा कि वे दिल्ली जाकर तैयारी करना चाहते हैं, ताकि अंतिम प्रयास पूरी निष्ठा के साथ कर सकें। उनकी बात सुनकर जयपाल जी कुछ क्षण शांत रहे, फिर बहुत सरल और विश्वासपूर्ण स्वर में बोले, 'दिल्ली क्यों? तुम मेरे साथ लैंसडाउन चलो। वह देवभूमि है। मुझे विश्वास है कि वहाँ से तैयारी करोगे, तो यह अंतिम परीक्षा अवश्य सफल होगी।' उनके शब्दों में केवल सलाह नहीं थी; उनमें एक अटूट विश्वास था। आशुतोष ने भी बिना किसी संकोच के उनकी बात स्वीकार कर ली।

फिर हम तीनों—मैं, जयपाल जी और आशुतोष, एक रात लैंसडाउन के लिए निकल पड़े। रात की यात्रा के बाद जब हम वहाँ पहुँचे, तो वातावरण बिल्कुल भिन्न था। ठंडी हवाएँ चल रही थीं, पहाड़ों की शांति चारों दिशाओं में फैली हुई थी, और ठंड इतनी तीव्र थी कि हर साँस के

साथ शरीर सिहर उठता था। आज भी वह दृश्य मेरी आँखों के सामने जीवित है—हल्की धुंध, शांत वातावरण, और प्रकृति की गोद में बसा हुआ वह पवित्र स्थान।

नाश्ते के बाद जयपाल जी अपने कार्यालय चले गए, और मैं तथा आशुतोष घर पर ही थे। तभी अचानक कुछ ऐसा हुआ, जिसे मैं आज भी केवल ईश्वर की लीला मानती हूँ। घर के बाहर से एक गूँजती हुई आवाज़ सुनाई दी—'हर हर महादेव, बम बम भोले' वह आवाज़ इतनी प्रभावशाली थी कि हम दोनों एकदम चौंक गए। मैं बाहर आई, तो देखा कि एक साधु बाबा खड़े थे। उनका स्वरूप अत्यंत साधारण था, लेकिन उनकी उपस्थिति में एक अद्‌त ऊर्जा थी। उस कड़ाके की ठंड में, जहाँ सामान्य व्यक्ति बाहर निकलने से भी हिचकिचाए, वहाँ उनका इस प्रकार अचानक प्रकट होना अपने आप में ही आश्चर्य था। मेरे मन में तुरंत यह भाव उठा—'क्या यह स्वयं भोलेनाथ का कोई संकेत है?'

वे लगातार 'हर हर महादेव' का जाप कर रहे थे। उनकी आवाज़ में ऐसी शक्ति थी, जो सीधे हृदय को छू जाती थी। उन्होंने आशुतोष को अपने पास बुलाया। आशुतोष थोड़े संकोच के साथ उनके पास गए। साधु बाबा ने उन्हें आशीर्वाद दिया और बहुत सहजता से कहा—'बेटा, तुम सफल होगे।' बस इतना ही कहा, लेकिन उन शब्दों में ऐसी दृढ़ता थी, जैसे वह कोई साधारण आशीर्वाद नहीं, बल्कि ईश्वर का वचन हो। कुछ ही क्षण बाद वे वहाँ से वैसे ही चले गए, जैसे आए थे—शांत और अचानक।

मैं कुछ देर तक वहीं खड़ी रह गई। मन में एक गहरी शांति और विश्वास उतर आया था। मैंने आशुतोष की ओर देखा, तो उसके चेहरे पर भी एक नई ऊर्जा दिखाई दे रही थी। उस दिन के बाद जैसे उसके भीतर का आत्मविश्वास बदल गया। उसने पूरे मन से तैयारी की, और अंततः वह अंतिम परीक्षा, जिस पर सब कुछ निर्भर था, उसने सफलता के साथ उत्तीर्ण कर ली। उस क्षण मुझे साधु बाबा के शब्द याद आए—'बेटा, तुम सफल होगे' और सच में, वह केवल आशीर्वाद नहीं था, वह सच्चा आशीर्वचन था।

आगे चलकर आशुतोष ने मुंबई के एक प्रतिष्ठित संस्थान से इंटरनेशनल बिजनेस में एम.बी.ए. किया। जब मैं इस पूरी घटना को याद करती हूँ, तो मुझे स्पष्ट अनुभव होता है कि यह केवल संयोग नहीं था। यह जयपाल जी के परिवार के प्रति प्रेम, उनके अटूट विश्वास और उनकी भक्ति का परिणाम था। ऐसा लगता है मानो स्वयं भोले बाबा उस दिन हमारे द्वार पर आए थे—न केवल आशुतोष को आशीर्वाद देने, बल्कि हमारे मन के सभी संशयों को दूर करने के लिए। सच में, हमारे जीवन की यह घटना केवल एक स्मृति नहीं है; यह हमारे विश्वास का सबसे जीवंत प्रमाण है।

सन् 2002 में जयपाल जी ने एक महत्वपूर्ण निर्णय लिया। उन्होंने समय से पहले सेवानिवृत्ति लेने का निश्चय किया। उस समय वे लगातार कार्यस्थल और मेरठ के बीच आना-जाना कर रहे थे। लगभग हर सप्ताह यात्रा करना उनके लिए शारीरिक रूप से अत्यंत थकाने वाला हो गया था। हम सभी बच्चे यह देख रहे थे कि उन्होंने पूरे जीवन परिवार के लिए कितना संघर्ष किया है। अब समय आ गया था कि वे अपने लिए भी कुछ समय निकालें, विश्राम करें और जीवन को एक नई शांति के साथ जी सकें।

हम सबने मिलकर उनसे आग्रह किया—'अब आप आराम कीजिए, आपने बहुत कर लिया।' प्रारंभ में वे कुछ संकोच में रहे, क्योंकि उनके लिए कार्य केवल नौकरी नहीं था; वह जीवन का अभिन्न हिस्सा था। लेकिन अंततः उन्होंने हमारी बात मान ली। 58 वर्ष 6 माह की आयु में जयपाल जी ने सेवानिवृत्ति ग्रहण की।

यह उनके जीवन का अंत नहीं था, बल्कि एक नए और उज्ज्वल अध्याय की शुरुआत थी। सेवानिवृत्ति के बाद उनका जीवन पहले से भी अधिक शांत, संतुलित और संतोषपूर्ण हो गया। अब उनके पास समय था—परिवार के साथ बैठने का, बच्चों और पोते-पोतियों के साथ हँसने का, और उन क्षणों को जीने का जो पहले जिम्मेदारियों के कारण कहीं पीछे छूट गए थे। उनका यह उत्तरार्ध जीवन सचमुच अधिक प्रकाशमान, आनंदमय और संतोष से भरा हुआ था, मानो वर्षों की तपस्या के बाद उन्हें वह शांति प्राप्त हुई हो, जिसके वे वास्तव में अधिकारी थे।

अध्याय 11

ईश्वर की कृपा और चमत्कार (2003–2007)

सन् 2003 में जब आशुतोष ने अपना एम.बी.ए. पूर्ण किया, तो उसी समय एक विशेष घटना घटी, जिसका उल्लेख मैं यहाँ करना चाहती हूँ। उनका सपना विदेश जाने का था, और ऐसा लगा मानो ईश्वर ने उनकी वह पुकार सुन ली हो। उसी वर्ष उन्हें अफ़्रीका के केन्या में नौकरी का अवसर मिला। जब यह समाचार हमें मिला, तो हमारे हृदय में जो आनंद उमड़ा, उसे शब्दों में बाँधना कठिन है। ऐसा लगा मानो वर्षों के संघर्ष, हमारी प्रार्थनाएँ और हमारा धैर्य एक साथ फलित हो गए हों। उस क्षण मुझे लगा—'अब जीवन ने सचमुच हमें वह सब दे दिया है, जिसकी हमने कभी कामना की थी।'

इसी समय हमारे मन में एक और गहरा भाव जागा—माता वैष्णो देवी के दर्शन करने का। वही स्थान, जहाँ से कभी हमारे जीवन की दिशा बदली थी, अब हमें फिर से पुकारता हुआ प्रतीत हुआ। सन् 1973 की वे स्मृतियाँ फिर से ताज़ा हो उठीं, जब जीवन संघर्षों से भरा था, जब हम अनिश्चितताओं के बीच जी रहे थे, और जब उसी स्थान से हमें शक्ति और सहारा मिला था। अब, इतने वर्षों बाद, जब जीवन एक नई ऊँचाई पर पहुँच चुका था, ऐसा लगा मानो माता ने स्वयं हमें फिर से अपने दरबार में बुलाया हो।

मैं, जयपाल जी और आशुतोष—हम तीनों ने मिलकर उस पवित्र यात्रा का संकल्प लिया। जब हम वहाँ पहुँचे, तो हर कदम पर एक अजीब-सी अनुभूति हो रही थी, मानो समय ठहर गया हो और अतीत वर्तमान के साथ एक हो गया हो। हमने केवल माता के दर्शन ही नहीं किए, बल्कि उन स्थानों को भी देखा जहाँ हम पहले रहे थे। वही रास्ते, वही पहाड़ियाँ, वही मोड़, लेकिन अब सब कुछ बदला हुआ था। जहाँ कभी हम अभाव और संघर्ष के बीच रहे थे,

आज वही स्थान हमें एक नई दृष्टि से दिखाई दे रहे थे। पहले जहाँ चिंता थी, अब वहाँ कृतज्ञता थी। पहले जहाँ थकान थी, अब वहाँ स्मृतियों की मधुरता थी।

मैं उन गलियों में चलते-चलते बार-बार ठहर जाती थी। मन ही मन सोचती—'यहीं कहीं हमने वह समय बिताया था जब हर दिन एक संघर्ष था और आज हम उसी स्थान पर खड़े होकर उन दिनों को याद कर रहे हैं।' मेरी आँखें कई बार नम हो गईं। वे आँसू दुःख के नहीं थे; वे संतोष और कृतज्ञता के आँसू थे। मैंने मन ही मन माता से कहा—'आपने उस समय हमें संभाला, और आज आप हमें यह दिन दिखा रही हैं, यह सब आपकी ही कृपा है।' जयपाल जी भी बहुत शांत भाव से सब देख रहे थे। उनके चेहरे पर वही स्थिरता थी, लेकिन आँखों में एक गहरा संतोष स्पष्ट झलक रहा था। आशुतोष भी हमारे साथ उन स्मृतियों को महसूस कर रहे थे, मानो वे भी समझ रहे हों कि उनके आज के इस मुकाम के पीछे कितनी गहरी कथा छिपी है।

वह यात्रा केवल एक तीर्थयात्रा नहीं थी—वह हमारे जीवन की पूरी यात्रा का पुनर्दर्शन थी। उस दिन मुझे यह अनुभव हुआ कि जीवन में जो कुछ भी मिलता है, वह केवल परिश्रम का परिणाम नहीं होता; उसमें ईश्वर की कृपा और समय का आशीर्वाद भी उतना ही महत्वपूर्ण होता है। हमने उस यात्रा को अपने हृदय में ऐसे संजो लिया, जैसे कोई अमूल्य स्मृति, जो हमें हमेशा यह याद दिलाती रहे कि संघर्ष से लेकर सफलता तक की हर सीढ़ी पर ईश्वर हमारे साथ थे।

लेकिन जब हम अपने जीवन की इन उपलब्धियों का आनंद ले ही रहे थे, तभी ईश्वर ने एक बार फिर हमारी परीक्षा लेने का निश्चय किया—और इस बार यह परीक्षा सचमुच बहुत कठिन थी। आशुतोष जब केन्या पहुँचे, तो हमें लगा था कि अब उनके जीवन का एक नया और उज्ज्वल अध्याय आरंभ हो गया है। हम सब अत्यंत प्रसन्न थे। लेकिन वहाँ पहुँचने के बाद उन्हें वीज़ा से जुड़ी एक ऐसी समस्या का सामना करना पड़ा, जिसके बारे में कंपनी ने पहले स्पष्ट जानकारी नहीं दी थी। स्थिति अचानक इतनी जटिल हो गई कि उनका वहाँ रुकना संभव नहीं रहा और उन्हें वापस भारत लौटना पड़ा। अगले ही दिन वे मुंबई पहुँच गए।

इधर हम घर पर यही सोच रहे थे कि अब तक वे केन्या पहुँच गए होंगे, वहाँ व्यवस्थित हो रहे होंगे, और हम उनकी आवाज़ सुनने के लिए उत्सुक थे। हमारे मन में उत्साह था, गर्व था, और एक नई शुरुआत की प्रसन्नता थी। लेकिन तभी अचानक फोन आया। मैंने और जयपाल जी ने फोन उठाया और सबसे पहले यही पूछा—'बेटा, तुम ठीक हो न?' कुछ क्षणों की चुप्पी के बाद आशुतोष की धीमी और थकी हुई आवाज़ आई—'मैं वापस आ गया हूँ।'

उनके ये शब्द सुनकर ऐसा लगा मानो हम अचानक आकाश से धरती पर आ गिरे हों। जिस ऊँचाई पर हम कुछ ही क्षण पहले थे, वहाँ से यह गिरावट बहुत गहरी थी। लेकिन उस क्षण हमने अपने भावों को भीतर ही रोक लिया। हमने उन्हें यह अनुभव नहीं होने दिया कि हम कितने व्यथित हैं। जयपाल जी ने तुरंत बहुत शांत और दृढ़ स्वर में कहा—'कोई बात नहीं बेटा, तुम चिंता मत करो। घर आ जाओ। सब ठीक हो जाएगा।' उसी क्षण मैंने यह महसूस किया कि एक पिता का धैर्य कितना गहरा होता है।

आशुतोष के लिए वह समय अत्यंत कठिन था। लगभग दो महीने तक वे मानसिक रूप से बहुत दबाव में रहे। उनके सपनों को जैसे अचानक एक ठहराव मिल गया था। एक माँ के रूप में मेरा हृदय उनके दर्द को गहराई से महसूस कर रहा था, लेकिन उससे भी अधिक मैं जयपाल जी को देख रही थी। उन्होंने अपने बेटे के लिए जो किया, उसे शब्दों में व्यक्त करना कठिन है। वे स्वयं जीवन में कितने ही संघर्षों से गुज़रे थे, लेकिन अपने बेटे की आँखों में निराशा देखना उनके लिए असहनीय था।

उन्होंने हर संभव प्रयास किया। वे मंदिरों में गए, पूजा-अर्चना की, भगवान से प्रार्थना की। उन्होंने ज्योतिषियों से परामर्श लिया। हर उस मार्ग को अपनाया, जिससे उनके बेटे का मनोबल फिर से उठ सके। लेकिन सबसे बड़ी बात यह थी कि उन्होंने आशुतोष को कभी टूटने नहीं दिया। वे लगातार उन्हें प्रेरित करते रहे—'यह अंत नहीं है, यह केवल एक परीक्षा है। तुम इससे और मजबूत बनकर निकलोगे।' धीरे-धीरे उस अंधकार में भी एक प्रकाश दिखाई देने लगा।

और फिर, ईश्वर ने एक बार फिर अपनी कृपा दिखाई। आशुतोष को एक नई और उससे भी बेहतर जिम्मेदारी मिली—कंबोडिया में कंट्री मैनेजर के पद पर। फरवरी 2004 में वे कंबोडिया के लिए रवाना हुए। लेकिन उस नई शुरुआत तक पहुँचने से पहले जो कुछ हुआ, वह किसी चलचित्र के दृश्य से कम नहीं था—एक ऐसा दृश्य, जिसमें परीक्षा भी थी, भावनाएँ भी थीं और अंत में ईश्वर की कृपा का प्रकाश भी।

जब आशुतोष दूसरी बार विदेश जाने के लिए तैयार हो रहे थे—इस बार कंबोडिया के लिए तो उनके मन में स्वाभाविक घबराहट थी। केन्या से अचानक वापस लौटने का अनुभव अभी भी उनके भीतर ताज़ा था। एक माँ होने के नाते मैं उनके मन की स्थिति को भली-भाँति समझ सकती थी। बाहर से वे स्वयं को शांत दिखाने का प्रयास कर रहे थे, लेकिन भीतर कहीं न कहीं एक डर स्पष्ट था—'इस बार सब ठीक होगा या नहीं?' हम भी उन्हें विदा करते समय

सामान्य बने रहने की कोशिश कर रहे थे, लेकिन मन ही मन प्रार्थना कर रहे थे कि इस बार उनकी यात्रा बिना किसी बाधा के पूर्ण हो।

मुंबई एयरपोर्ट के लिए निकलते समय ही भारी ट्रैफिक के कारण वे देर से पहुँचे। स्थिति ऐसी हो गई कि मानो पूरी उड़ान ही उनका इंतज़ार कर रही हो। वे जल्दी-जल्दी भागते हुए एयरपोर्ट के अंतिम चरण तक पहुँचे। उस समय सुरक्षा जाँच ही अंतिम बिंदु हुआ करती थी। उन्होंने जल्दबाज़ी में सारी प्रक्रिया पूरी की और अंदर पहुँच गए। लेकिन उसी हड़बड़ी में उनसे एक ऐसी भूल हो गई, जो बहुत बड़ी समस्या बन सकती थी—उन्होंने किसी और का बैग उठा लिया, जो उनके बैग से बिल्कुल मिलता-जुलता था। वे विमान के भीतर पहुँच गए, अपनी सीट पर बैठे और बैग ऊपर रखने वाली जगह में रख दिया।

उधर विमान के दरवाजे बंद होने की घोषणा हो रही थी। सब कुछ सामान्य लग रहा था, तभी जैसे किसी अदृश्य शक्ति ने हस्तक्षेप किया। आज भी उस अनुभूति को शब्दों में बाँधना मेरे लिए कठिन है। ऐसा लगा मानो माँ अंबे, जिन पर हमारा अटूट विश्वास था, उन्होंने स्वयं आशुतोष के कानों में धीरे से कहा हो—'बेटा, एक बार अपना बैग फिर से देख लो' अचानक आशुतोष का ध्यान बैग की ओर गया। उन्होंने उसे ध्यान से देखा, और उसी क्षण समझ गए कि यह उनका बैग नहीं है।

उन्होंने तुरंत क्रू मेंबर्स को बताया कि उनका बैग बदल गया है। स्थिति अत्यंत गंभीर थी। बिना समय गंवाए वे विमान से बाहर भागे और अपने वास्तविक बैग को ढूँढ़ने लगे। ईश्वर की कृपा देखिए—वह दूसरा व्यक्ति, जिसका बैग आशुतोष के पास चला गया था, अभी भी वहीं खड़ा था और अपने बैग का इंतज़ार कर रहा था। आशुतोष ने तुरंत अपना बैग लिया और दौड़ते हुए वापस विमान में पहुँचे और फिर उसी के साथ विमान ने उड़ान भरी।

जब मैं इस घटना को याद करती हूँ, तो आज भी मन सिहर उठता है, क्योंकि उस बैग में उनकापासपोर्ट था, और लगभग 3000 डॉलर भी थे। यदि वह बैग भारत में ही रह जाता, तो सोचिए क्या होता—वे कंबोडिया पहुँचते ही बिना पासपोर्ट के पाए जाते, उन्हें तुरंत वापस भेज दिया जाता, और कंपनी भी यही सोचती कि वे इतनी बड़ी जिम्मेदारी निभाने के योग्य नहीं हैं। उनका आत्मविश्वास टूट सकता था, और शायद वे फिर कभी विदेश जाने का साहस भी न जुटा पाते। लेकिन ईश्वर ने ऐसा होने नहीं दिया।

उस दिन हमने गहराई से महसूस किया कि सचमुच कोई अदृश्य शक्ति हर कदम पर हमारे साथ चल रही है। यह केवल एक घटना नहीं थी; यह एक स्पष्ट संकेत था कि आशुतोष

की यात्रा अब सही दिशा में आगे बढ़ने वाली है। फरवरी 2004 में वे सुरक्षित रूप से कंबोडिया पहुँच गए, और वहाँ से उनके जीवन की गति सचमुच बदल गई। अब उनका करियर तेजी से आगे बढ़ने लगा। जो राह पहले रुकावटों से भरी लग रही थी, वही अब जैसे अपने आप खुलती चली जा रही थी।

और फिर, उसी कंबोडिया की भूमि पर उनके जीवन में एक और सुंदर अध्याय जुड़ा। वहाँ उनकी मुलाकात एक लड़की से हुई, जिसका नाम रथ था। रथ का स्वभाव अत्यंत सरल, सौम्य और स्नेहमय था। धीरेधीरे दोनों के बीच एक गहरा समझ और संबंध विकसित हुआ, और अप्रैल 2006 में उनका विवाह संपन्न हुआ। एक माँ के रूप में यह क्षण मेरे लिए अत्यंत भावुक था। रथ केवल हमारी बहू बनकर नहीं आईं; उन्होंने पूरे मन से हमारे परिवार को अपनाया। उन्होंने भारतीय संस्कृति को सम्मान दिया, हमारे रीति-रिवाजों को सीखा, और हमें इतना स्नेह दिया कि कभी यह महसूस ही नहीं हुआ कि वे किसी अन्य देश से हैं।

जयपाल जी को यह देखकर अत्यंत संतोष मिलता था। वे अक्सर कहा करते—'अब सच में लगता है कि परिवार पूर्ण हो गया है।' उनके चेहरे पर जो संतोष था, वह वर्षों की तपस्या के बाद मिला हुआ था। उन्हें लगने लगा था कि अब उनकी अधिकांश जिम्मेदारियाँ पूर्ण हो चुकी हैं।

आज जब मैं इन सभी घटनाओं को याद करती हूँ, तो मेरे मन में एक ही बात बार-बार उठती है—ईश्वर हर कदम पर हमारे साथ थे। कभी परीक्षा लेकर, कभी सहारा देकर, और कभी चमत्कार दिखाकर उन्होंने हमें हर परिस्थिति में संभाला। और सच में, हमारा जीवन केवल घटनाओं की एक साधारण शृंखला नहीं था; वह ईश्वर की कृपा और जयपाल जी के विश्वास की एक जीवंत कहानी था।

अध्याय 12

संतोष और पूर्णता का जीवन (2007–2014)

सन् 2007 में हमारे पुत्र कृष्णकांत के जीवन में एक और मधुर खुशी आई। उन्हें एक पुत्री रत्न की प्राप्ति हुई, जिसका नाम अंबिका गुप्ता रखा गया। घर में एक बार फिर किलकारियाँ गूँज उठीं। हर नई संतान के आगमन के साथ ऐसा लगता था मानो ईश्वर हमारे आँगन में अपने आशीर्वाद के फूल बिखेर रहे हों।

उसी वर्ष हमारे जीवन में एक और अनोखा अनुभव जुड़ा। मैं और जयपाल जी पहली बार हवाई यात्रा करने वाले थे, और वह भी एक अंतर्राष्ट्रीय उड़ान। हम यांगून, म्यांमार जा रहे थे, जहाँ आशुतोष कंट्री मैनेजर के रूप में कार्यरत थे। जब हमने पहली बार विमान में कदम रखा, तो मन में एक अलग ही उत्साह और हल्की-सी घबराहट थी। हमने कभी सोचा भी नहीं था कि जीवन हमें ऐसा अवसर भी देगा—जहाँ हम आकाश में उड़ते हुए अपने बेटे से मिलने किसी विदेशी भूमि तक जाएँगे। उस समय मुझे अपने पुराने दिन बार-बार याद आ रहे थे—वे दिन, जब साधारण जीवन के लिए भी संघर्ष करना पड़ता था, और आज हम उस मुकाम पर खड़े थे जहाँ यह सब संभव हो पाया था।

यांगून पहुँचने पर हमें यह ज्ञात हुआ कि हमारी बहू, काशिश उर्फ रथ, माँ बनने वाली हैं। उसकीदेखभाल, स्नेह और अपनापन देखकर मेरा हृदय भर आया। उसने हमें इतना प्रेम दिया कि कभी यह अनुभव ही नहीं हुआ कि वे किसी अन्य देश की है। जब उसके प्रसव का समय आया, तो हम सब अत्यंत भावुक थे। अस्पताल का नाम 'पुन ह्लाइंग' था, जो एक सुंदर गोल्फ कोर्स के बीच स्थित था। वह स्थान किसी अस्पताल से अधिक एक शांत और रमणीय स्थल जैसा प्रतीत होता था। वहाँ की स्वच्छता, वातावरण और शांति देखकर हमें आश्चर्य भी हुआ और संतोष भी।

फिर वह पवित्र क्षण आया, जब एक सुंदर बालक ने जन्म लिया। उसका नाम रोहताश गर्ग रखा गया। जब जयपाल जी ने उसे पहली बार अपनी गोद में लिया, तो उनकी आँखों में जो आनंद था, वह अवर्णनीय था। उनके चेहरे पर एक ऐसी प्रसन्नता थी, जो केवल एक दादा ही अनुभव कर सकता है। वे बार-बार भगवान का धन्यवाद करते हुए कहते, 'हे प्रभु, आपने हमें यह सुख भी दिखाया।' उस यात्रा के दौरान आशुतोष ने हमारे लिए बैंकॉक की यात्रा का भी आयोजन किया। हमने वहाँ कुछ दिन बिताए, और फिर भारत लौट आए। वह पूरी यात्रा हमारे जीवन की सबसे सुंदर स्मृतियों में से एक बन गई।

सन् 2009 में हमें पुनः म्यांमार जाने का अवसर मिला। इस बार भी एक विशेष कारण था—काशिश दूसरी बार माँ बनने वाली थीं। जब हम वहाँ पहुँचे, तो वातावरण में फिर वही प्रतीक्षा, वही उत्साह और वही आत्मीयता थी। कुछ समय बाद उन्होंने दूसरे पुत्र को जन्म दिया, जिसका नाम परितोष गर्ग रखा गया। अब आशुतोष का परिवार पूर्णता की ओर बढ़ चुका था। जयपाल जी हँसते हुए कहा करते थे, 'हमें तो दो रतन मिल गए।' उनके इस वाक्य में केवल खुशी ही नहीं, बल्कि वर्षों के संघर्ष के बाद मिली उस संतुष्टि की झलक भी थी, जिसे शब्दों में बाँधना कठिन है।

म्यांमार से लौटने के बाद हमारे जीवन में एक ऐसा अध्याय आरंभ हुआ, जिसे मैं आज भी अपनी सबसे पवित्र और आत्मिक यात्राओं में गिनती हूँ। मैं और जयपाल जी ने मिलकर यह निश्चय किया कि अब, जब जीवन ने हमें थोड़ा विराम और संतोष दिया है, तो क्यों न हम अपने देश के उन पवित्र स्थलों के दर्शन करें, जिनका स्मरण हम वर्षों से करते आए थे। इसी भावना के साथ हमने लगभग चालीस दिनों की एक अखिल भारतीय यात्रा का संकल्प लिया। यह केवल एक यात्रा नहीं थी, यह हमारे पूरे जीवन की साधना का विस्तार थी।

जब हम इस यात्रा पर निकले, तो मन में एक अद्भुत शांति और उत्साह दोनों साथ-साथ थे। हमने उत्तर से दक्षिण, पूर्व से पश्चिम तक भारत के अनेक पवित्र स्थलों का दर्शन किया। प्रत्येक स्थान अपने आप में एक विशिष्ट अनुभूति लेकर आया। कहीं गंगा के तट पर खड़े होकर आत्मा को शांति मिली, तो कहीं मंदिरों की घंटियों की ध्वनि में मन पूर्णतः लीन हो गया। हम काशी गए, जहाँ हर गली में भक्ति का एक अलग ही स्वर गूँजता है। प्रयागराज गए, जहाँ संगम के पवित्र जल ने मन को निर्मल कर दिया। वृंदावन और मथुरा गए, जहाँ हर क्षण कृष्ण भक्ति की मधुरता महसूस होती थी। हरिद्वार और ऋषिकेश पहुँचे, जहाँ गंगा आरती का दृश्य देखकर आँखें स्वयं ही नम हो जाती थीं।

लेकिन यह यात्रा यहीं तक सीमित नहीं थी। हमने द्वारका के दर्शन किए, जहाँ समुद्र की लहरों के बीच खड़े होकर भगवान कृष्ण की स्मृति मन में जाग उठती थी। सोमनाथ गए, जहाँ मंदिर की भव्यता और इतिहास की गहराई मन को झकझोर देती है। और फिर हम पहुँचे रामेश्वरम—भारत के अंतिम छोर पर स्थित वह पवित्र स्थल, जहाँ पहुँचकर ऐसा लगा मानो जीवन की यात्रा एक पूर्ण चक्र में आ गई हो। समुद्र के उस शांत किनारे पर खड़े होकर मैंने जयपाल जी की ओर देखा और मन ही मन सोचा—'हम कहाँ से चले थे, और आज कहाँ पहुँच गए।'

इस यात्रा के दौरान हमने अनेक ज्योतिर्लिंगों के भी दर्शन किए। प्रत्येक ज्योतिर्लिंग पर पहुँचकर ऐसा लगता था मानो शिव स्वयं हमारे जीवन के हर अध्याय के साक्षी रहे हों। मैं हर मंदिर में एक ही प्रार्थना करती—'हे प्रभु, आपने अब तक हमारा साथ दिया है, आगे भी अपना आशीर्वाद बनाए रखना'। इस पूरी यात्रा की सबसे सुंदर बात यह थी कि हम दोनों एक साथ थे—बिना किसी जिम्मेदारी के बोझ के, बिना किसी जल्दबाज़ी के, केवल ईश्वर के प्रति कृतज्ञता के भाव के साथ। कई बार हम मंदिरों की सीढ़ियों पर बैठ जाते, कुछ नहीं कहते, बस चुपचाप उस वातावरण को महसूस करते। उन क्षणों में शब्दों की आवश्यकता ही नहीं होती थी; मन स्वयं ही ईश्वर से संवाद कर रहा होता था।

यह यात्रा हमारे लिए केवल दर्शनों की श्रृंखला नहीं थी, बल्कि एक आत्मिक पुनर्जन्म जैसा अनुभव थी। वर्षों के संघर्ष, जिम्मेदारियों और भागदौड़ के बाद यह पहला अवसर था जब हमने जीवन को इतनी शांति और गहराई से महसूस किया। मुझे बार-बार यही एहसास होता था कि यह सब यूँ ही संभव नहीं हुआ। यह जयपाल जी के जीवन भर के तप, उनके विश्वास और ईश्वर की कृपा का ही परिणाम था कि हम इस प्रकार पूरे भारत के पवित्र स्थलों के दर्शन कर पा रहे थे।

लेकिन ईश्वर की कृपा यहीं तक सीमित नहीं रही। इस यात्रा के बाद एक और अद्‌भुत घटना घटी—एक ऐसा चमत्कार, जिसने हमें फिर यह महसूस कराया कि ईश्वर की योजना मनुष्य की सोच से कहीं अधिक व्यापक होती है। कृष्णकांत उस समय मेरठ में एक निजी कंपनी में कार्यरत थे। उन्होंने कभी विदेश जाने की विशेष इच्छा व्यक्त नहीं की थी। उनका जीवन शांत और स्थिर चल रहा था। लेकिन शायद ईश्वर ने उनके लिए कुछ और ही योजना बना रखी थी।

एक दिन अचानक उन्हें एक बहुराष्ट्रीय कंपनी से साक्षात्कार के लिए बुलावा आया। यह अपने आप में ही एक बड़ी बात थी। उन्होंने साक्षात्कार दिया, और ईश्वर की कृपा से उनका चयन दुबई के लिए हो गया। यह घटना हमारे लिए किसी चमत्कार से कम नहीं थी। एक बड़ी

बहुराष्ट्रीय कंपनी में चयन होना, और वह भी सीधे विदेश के लिए—यह आसान नहीं होता। उस क्षण मुझे लगा कि सच में, जब समय आता है, तो ईश्वर स्वयं रास्ते खोल देते हैं। कृष्णकांत का जीवन पूरी तरह बदल गया। उन्होंने वहाँ अपने कार्य से एक नई पहचान बनाई और आगे चलकर उसी कंपनी में निदेशक (Director) के पद तक पहुँचे। एक माँ के रूप में यह देखना मेरे लिए अत्यंत गर्व और संतोष का विषय था।

सन् 2011 में हमें पुनः कंबोडिया जाने का अवसर मिला। इस बार यह यात्रा पहले से भी अधिकविशेष थी, क्योंकि अब आशुतोष केवल एक कर्मचारी नहीं रहे थे—उन्होंने अपनी स्वयं की कंपनी स्थापित कर ली थी। जब हमने यह सुना, तो मेरे मन में गहरा गर्व और भावुकता एक साथ उमड़ पड़ी। मैंने मन ही मन सोचा—'जिस बच्चे को हमने संघर्षों के बीच पाला, आज वही अपने दम पर एक नई दुनिया खड़ी कर रहा है।' यह केवल उसकी सफलता नहीं थी; यह जयपाल जी के वर्षों के परिश्रम, उनके संस्कारों और उनके अटूट विश्वास का परिणाम था।

जब हम कंबोडिया पहुँचे, तो आशुतोष ने हमें अपनी कंपनी दिखाई। वह स्थान केवल एक कार्यालय नहीं था; वह उसके सपनों का साकार रूप था। उसने बड़े आदर और प्रेम से जयपाल जी को अपनी कुर्सी पर बैठने के लिए कहा। वह क्षण मेरे लिए अत्यंत भावुक था। एक पुत्र अपने पिता को अपनी उपलब्धि का सम्मान देते हुए, उन्हें अपने स्थान पर बैठाकर जैसे कह रहा था—'आज जो कुछ भी हूँ, वह आपकी वजह से हूँ'। मेरे मन में उस समय केवल एक ही विचार आया—यह वास्तव में एक पिता का अपने पुत्र को दिया गया सबसे बड़ा आशीर्वाद था। जयपाल जी के चेहरे पर उस समय जो संतोष था, वह अद्त था। उनकी आँखों में एक शांत गर्व था—न कोई अहंकार, न कोई अपेक्षा। केवल यह अनुभूति कि उनका कर्तव्य पूर्ण हो चुका है।

इसी प्रकार, सन् 2012 में दीपा के जीवन में भी एक बड़ा परिवर्तन आया। वे उस समय एक छोटे से विद्यालय में अध्यापन कार्य कर रही थीं। लेकिन अचानक उन्हें लखनऊ पब्लिक स्कूल से अवसर मिला, जो शहर के सबसे प्रतिष्ठित विद्यालयों में से एक था। उनका चयन वहाँ हो गया। यह भी एक ऐसा अवसर था, जो सहजता से नहीं मिलता। उस समय मैंने फिर वही अनुभव किया—'यह केवल प्रयास नहीं, ईश्वर की कृपा भी है।'

जब मैं इन सभी घटनाओं को एक साथ देखती हूँ, तो मुझे यह स्पष्ट दिखाई देता है कि हमारे जीवन में जो कुछ भी हुआ, वह केवल परिश्रम का परिणाम नहीं था। हर मोड़ पर, हर कठिनाई के बाद, ईश्वर ने किसी न किसी रूप में हमारा हाथ थामा और हमें आगे बढ़ाया। जयपाल जी का विश्वास, उनका धैर्य और उनका निस्वार्थ प्रेम—यही वह आधार था, जिस पर

हमारे पूरे परिवार की सफलता की नींव रखी गई। सच में, हमारा जीवन केवल एक कहानी नहीं है; यह ईश्वर की कृपा और चमत्कारों की एक जीवंत यात्रा है।

सन् 2013 में हमारे जीवन में एक और मधुर खुशी आई। काशिश ने अपनी तीसरी संतान को जन्म दिया—एक सुंदर कन्या, जिसका नाम एंजल गर्ग रखा गया। उसका जन्म सैन जोस, कैलिफ़ोर्निया (अमेरिका) में हुआ, और जन्म लेते ही वह वहाँ की नागरिक बन गई। यह हमारे परिवार के लिए एक विशेष और गर्व का क्षण था—हमारे जीवन की यात्रा अब एक नए अंतरराष्ट्रीय आयाम तक पहुँच चुकी थी। जब हमने यह समाचार सुना, तो मन भावुक भी हुआ और कृतज्ञ भी। मैंने सोचा—'हे प्रभु, आपने सच में हमें हर वह खुशी दी है, जिसकी हमने कभी कल्पना भी नहीं की थी।'

फिर सन् 2014 में हमें एक बार फिर कंबोडिया जाने का अवसर मिला। इस बार हमारे मन में एक अलग ही उत्साह था—हम अपने सभी नाती-पोतों से मिलने जा रहे थे, और साथ ही नन्ही एंजल को पहली बार अपनी गोद में लेने की प्रतीक्षा भी थी। जब हम वहाँ पहुँचे और मैंने एंजल को अपनी गोद में लिया, तो मेरे हृदय में एक अनोखी शांति और आनंद का अनुभव हुआ। उसकी मासूम मुस्कान, उसकी नन्ही उँगलियाँ—सब कुछ मानो ईश्वर का एक और आशीर्वाद था, जो हमारे जीवन में जुड़ गया था। उस क्षण मुझे गहराई से महसूस हुआ कि जीवन की यह यात्रा, जो कभी संघर्षों और अभावों से भरी थी, अब ईश्वर की कृपा से सुख, संतोष और पूर्णता से परिपूर्ण हो चुकी है।

इन्हीं वर्षों, 2011 से 2014 के बीच, हमें अपनी बेटियों के घर भी जाने का अवसर मिला। उनके घरों में जाकर, उनके जीवन को व्यवस्थित और खुशहाल देखकर मेरा हृदय संतोष से भर जाता था। एक माँ के लिए इससे बड़ी खुशी क्या हो सकती है कि उसके सभी बच्चे अपने-अपने जीवन में सुखी और संतुष्ट हों। वह समय हमारे जीवन का एक शांत, संतुलित और आनंदमय काल था। जहाँ कभी संघर्ष, चिंता और अनिश्चितता थी, वहाँ अब स्थिरता, प्रेम और संतोष ने अपना स्थान बना लिया था।

मैं कई बार बैठकर सोचती—'क्या यह वही जीवन है, जिसमें हमने इतने संघर्ष देखे थे?' और हर बार मेरे मन में एक ही उत्तर आता—यह सब जयपाल जी के परिश्रम, उनके विश्वास और ईश्वर की कृपा का परिणाम है।

भाग IV
दिव्य मिलन और विरासत

अध्याय 13

स्वर्णिम वर्ष और उन्नति का विस्तार (2014–2022)

सन् 2014 हमारे जीवन का एक ऐसा वर्ष बनकर आया, जिसे मैं अपने हृदय में सदा के लिए संजोकर रखूँगी। इसी वर्ष हमने अपने वैवाहिक जीवन के पचास वर्ष पूर्ण किए—हमारी स्वर्ण जयंती। जब मैं इस यात्रा को पीछे मुड़कर देखती हूँ, तो विश्वास ही नहीं होता कि समय इतनी सहजता से बीत गया। ऐसा लगता है मानो कल ही की बात हो, जब 5 जून 1964 को मैंने पहली बार जयपाल जी का हाथ थामा था, और आज आधी सदी बाद हम उसी बंधन को और भी गहराई से अनुभव कर रहे थे।

हमारे बच्चों ने इस अवसर को जिस प्रेम और भव्यता के साथ मनाया, वह मेरे लिए किसी स्वप्न से कम नहीं था। पूरे परिवार और रिश्तेदारों को आमंत्रित किया गया। घर एक उत्सव स्थल में बदल गया था—हर ओर रोशनी, सजावट, हँसी और अपनापन। लेकिन इस पूरे आयोजन की सबसे विशेष बात थी भावनाओं की वह गहराई, जो हर छोटे-छोटे क्षण में दिखाई दे रही थी। एक बड़े स्क्रीन पर हमारे जीवन की स्मृतियाँ दिखाई जा रही थीं—पुरानी तस्वीरें, विवाह के समय के दृश्य, बच्चों के बचपन के पल, संघर्ष के दिन, और फिर धीरे-धीरे सफलता और संतोष से भरे वे क्षण। हर चित्र के साथ मेरा मन जैसे समय की धारा में पीछे बहता जा रहा था। कभी आँखों में आँसू आ जाते, तो कभी होंठों पर मुस्कान आ जाती। ऐसा लग रहा था मानो जीवन के पचास वर्षों कोकिसी ने कुछ ही पलों में समेटकर हमारे सामने रख दिया हो। सभी रिश्तेदार, मित्र और परिवारजन उस क्षण के साक्षी थे। हर कोई इस यात्रा को देखकर भावुक हो रहा था। लेकिन मेरे लिए वह केवल एक समारोह नहीं था—वह मेरे पूरे जीवन का पुन: अनुभव था।

उस दिन एक ऐसा क्षण आया, जिसने मेरे हृदय को भीतर तक छू लिया। जब सब लोग हमें आशीर्वाद दे रहे थे, जब वातावरण में प्रेम और सम्मान की ध्वनि गूँज रही थी, तभी अचानक मुझे ऐसा लगा मानो समय ठहर गया हो और मैं फिर से उसी दिन में लौट गई हूँ—5 जून 1964। वह दिन, जब मैंने एक नई यात्रा शुरू की थी। जब मैं एक नई दुल्हन बनकर उस घर में आई थी—मन में अनगिनत प्रश्न, कुछ संकोच, और बहुत सा विश्वास लेकर। और आज, उसी व्यक्ति के साथ खड़ी थी, जिसके साथ मैंने जीवन के हर रंग देखे—संघर्ष भी, अभाव भी, आँसू भी, और फिर सुख, सफलता और संतोष भी।

उस दिन मुझे ऐसा लगा मानो हम दोनों ने जीवन की एक लंबी परिक्रमा पूरी कर ली हो—जैसे दो नदियाँ, जो अलग-अलग मार्गों से बहती हुई अंततः एक ही सागर में मिल जाती हैं। हमारा संबंध केवल पतिपत्नी का नहीं रह गया था; वह एक साधना बन चुका था। मैंने जयपाल जी की ओर देखा। उनके चेहरे पर वही शांति थी, जो हमेशा रही, लेकिन उस दिन उसमें एक विशेष संतोष भी जुड़ गया था। उनकी आँखों में मैंने उन पचास वर्षों की पूरी कहानी देखी—उनका संघर्ष, उनका प्रेम, उनका त्याग और उनका अटूट विश्वास। मुझे लगा जैसे मैं फिर से उनसे विवाह कर रही हूँ, लेकिन इस बार केवल एक बंधन के रूप में नहीं, बल्कि एक गहरे समझ, सम्मान और आत्मिक जुड़ाव के साथ।

उस दिन मैंने मन ही मन ईश्वर को धन्यवाद दिया—'हे प्रभु, आपने मुझे ऐसा जीवनसाथी दिया, जिसने हर परिस्थिति में मेरा साथ निभाया और जिसके साथ मैंने जीवन को उसके हर रूप में जिया'। वह स्वर्ण जयंती केवल एक उत्सव नहीं थी; वह हमारे जीवन की एक पूर्णता थी। एक ऐसा क्षण, जहाँ अतीत, वर्तमान और भविष्य—तीनों एक साथ मिल गए थे। जहाँ संघर्ष की स्मृतियाँ भी थीं, और उपलब्धियों की चमक भी। जहाँ आँसू भी थे, और मुस्कान भी। आज भी जब मैं उस दिन को याद करती हूँ, तो मेरे मन में एक ही भावना उठती है—कृतज्ञता। क्योंकि वह केवल पचास वर्षों का साथ नहीं था; वह एक ऐसी यात्रा थी, जिसे हमने ईश्वर के आशीर्वाद और अपने विश्वास के सहारे पूरा किया था। और सच में, उस दिन मुझे यह महसूस हुआ—मैंने केवल जीवन नहीं जिया, मैंने एक पूर्ण जीवन जिया है।

नवंबर 2015 का समय हमारे लिए एक विशेष उत्साह लेकर आया था। बच्चों ने बड़े प्रेम से हमारे लिए एक कार्यक्रम बनाया था—सिंगापुर जाने का, जहाँ एक प्रसिद्ध कथावाचक द्वारा कथा का आयोजन होना था। सभी तैयारियाँ पूरी हो चुकी थीं। टिकट बुक हो चुके थे, मन में उत्साह था, और हम इस यात्रा के लिए मानसिक रूप से भी तैयार थे। ऐसा लग रहा था कि जीवन अब केवल भक्ति, शांति और आनंद की ओर बढ़ रहा है। लेकिन अचानक, जैसे समय

ने फिर एक मोड़ लिया। जयपाल जी को अचानक साँस लेने में तकलीफ़ होने लगी। शुरुआत में हमें लगा कि शायद सामान्य थकान या मौसम का प्रभाव होगा, लेकिन जब स्थिति गंभीर होने लगी, तो हम घबरा गए। उन्हें तुरंत अस्पताल में भर्ती कराया गया। जाँच के बाद डॉक्टरों ने बताया कि उनके हृदय में ब्लॉकेज है और तुरंत स्टेंट डालना आवश्यक है।

उस क्षण मेरे मन में भय की एक तीव्र लहर दौड़ गई। मैंने जीवन में बहुत कुछ देखा था, लेकिन अपने जीवनसाथी को उस स्थिति में देखना मेरे लिए अत्यंत कठिन था। ऑपरेशन सफल रहा, लेकिन उस पूरे समय में मैंने केवल एक ही कार्य किया—प्रार्थना। मैं बार-बार भगवान से कह रही थी—'हे प्रभु, आपने अब तक हमें हर कठिनाई से निकाला है, इस बार भी हमें संभाल लीजिए', ईश्वर ने फिर हमारी सुन ली। ऑपरेशन के बाद जयपाल जी ने जिस दृढ़ता और साहस के साथ स्वयं को सँभाला, वह अद्भुत था। उन्होंने बहुत जल्दी स्वास्थ्य प्राप्त किया। ऐसा लगा मानो वे स्वयं को फिर से जीवन के लिए तैयार कर रहे हों।

सन् 2016 में, इस घटना के कुछ समय बाद, हमने एक और महत्वपूर्ण निर्णय लिया—चार धाम यात्रा पर जाने का। यह केवल एक यात्रा नहीं थी; यह हमारे जीवन की एक आध्यात्मिक परिपूर्णता थी। हम दोनों—मैं और जयपाल जी कठिन पर्वतीय मार्गों को पार करते हुए केदारनाथ, बद्रीनाथ, गंगोत्री और यमुनोत्री के दर्शन के लिए निकले। हर धाम पर पहुँचते ही मन अपने आप शांत हो जाता था। केदारनाथ धाम में जब हमने दर्शन किए, तो ऐसा लगा मानो स्वयं भगवान शिव के साक्षात दर्शन हो रहे हों। वहाँ की ठंडी हवाएँ, ऊँचे पहाड़ और मंदिर कीदिव्यता—सब कुछ आत्मा को भीतर तक छू रहा था। यमुनोत्री में माँ यमुना के दर्शन करते समय मेरे मन में एक अलग ही भाव जागा। उनका स्नेह और आशीर्वाद किसी माँ की गोद जैसा प्रतीत हो रहा था। बद्रीनाथ धाम में भगवान विष्णु के सामने खड़े होकर ऐसा लगा मानो जीवन की सारी थकान समाप्त हो गई हो।

उसी यात्रा के दौरान एक ऐसा क्षण आया, जिसे मैं आज भी चमत्कार मानती हूँ। मुझे वहाँ प्रसाद मिला, और वह भी मेरी झोली में। वह कोई साधारण प्रसाद नहीं था; वह मेरे लिए ईश्वर का सीधा आशीर्वाद था। मैंने उसे अपने हाथों में लेकर आँखें बंद कर लीं और मन ही मन धन्यवाद दिया। और उसी दिन, जैसे उस आशीर्वाद का उत्तर तुरंत मिला हो, मुझे समाचार मिला कि आशुतोष की पत्नी काशिश गर्भवती है। उस क्षण मेरे रोंगटे खड़े हो गए। मुझे लगा जैसे ईश्वर ने उसी क्षण मेरी झोली भर दी—पहले प्रसाद के रूप में, और फिर उस शुभ समाचार के रूप में।

8 जनवरी 2017 को काशिश ने एक सुंदर पुत्र को जन्म दिया, जिसका नाम विलोहित गर्ग रखा गया। यह हमारे परिवार के लिए एक और अमूल्य आशीर्वाद था। इसी बीच जीवन ने एक और नया मोड़ लिया। काशिश के गर्भवती होने के बाद ही आशुतोष ने एक बड़ा निर्णय लिया—अमेरिका में अपनी कंपनी स्थापित करने का। वे अमेरिका चले गए, और अपने परिश्रम से उन्होंने अटलांटा स्थित एक फार्मास्यूटिकल कंपनी 'Thione International Inc.' का अधिग्रहण किया। यह हमारे लिए अत्यंत गर्व का क्षण था। मैं बार-बार सोचती—'हे प्रभु, आपने सच में हमारे जीवन को कहाँ से कहाँ पहुँचा दिया'। मई 2017 में हम पुनः कंबोडिया गए। इस बार जब हमने अपने चारों नाती-पोतों को एक साथ देखा, तो मेरा हृदय पूर्ण संतोष से भर गया। उनकी हँसी, उनकी चंचलता, उनका आपसी प्रेम—सब कुछ देखकर ऐसा लगा मानो जीवन ने हमें अपनी सबसे सुंदर अवस्था में पहुँचा दिया हो। जयपाल जी भी उन्हें देखकर अत्यंत प्रसन्न होते थे। उनके चेहरे पर वह संतोष स्पष्ट दिखाई देता था, जो केवल वही व्यक्ति अनुभव कर सकता है जिसने अपने पूरे जीवन को परिवार के लिए समर्पित किया हो।

जब मैं इन सभी घटनाओं को एक साथ देखती हूँ, तो मुझे एक ही सत्य स्पष्ट दिखाई देता है—ईश्वर हर कदम पर हमारे साथ थे। कभी परीक्षा के रूप में, कभी आशीर्वाद के रूप में, और कभी चमत्कार के रूप में। और सच में, हमारा जीवन केवल घटनाओं का क्रम नहीं था; वह एक ऐसी यात्रा थी, जिसमें हर मोड़ पर ईश्वर ने हमें संभाला, दिशा दी और आगे बढ़ाया।

कंबोडिया से लौटने के बाद जीवन एक बार फिर अपनी पुरानी शैली में लौट आया। जहाँ सुख के बाद परीक्षा अवश्य आती है। हम अभी उस यात्रा की मधुर स्मृतियों में ही थे कि अचानक एक दिन ऐसा आया, जिसने हमें भीतर तक हिला दिया। जयपाल जी का पैर फिसल गया, और वे ज़ोर से गिर पड़े। गिरने की आवाज़ के साथ ही मेरा हृदय जैसे थम गया। जब हमने उन्हें उठाने की कोशिश की, तो स्पष्ट हो गया कि स्थिति गंभीर है। उनके कूल्हों में फ्रैक्चर हो गया था। उन्हें तुरंत मेरठ के अस्पताल में भर्ती कराया गया। डॉक्टरों ने जाँच के बाद कहा कि स्थिति ऐसी है कि अगले ही दिन ऑपरेशन करना होगा। उस समय मन अत्यंत विचलित था। एक ओर दर्द में पड़े जयपाल जी, और दूसरी ओर यह अचानक आई परिस्थिति—सब कुछ मानो बहुत तेज़ी से घटित हो रहा था।

इसी बीच आशुतोष से बात हुई। जैसे ही उन्हें यह समाचार मिला, उन्होंने तुरंत निर्णय लिया—'ऑपरेशन फोर्टिस में होगा।' उन्होंने बिना एक क्षण गँवाए उसी दिन अमेरिका से उड़ान भर दी। एक माँ के रूप में उस क्षण मेरा हृदय भर आया—दूर देश में बैठा बेटा, अपने पिता के लिए एक पल भी नहीं रुका। केवल चौबीस घंटों के भीतर वह भारत पहुँच गया। सीधे

अस्पताल पहुँचा, और बिना समय गँवाए जयपाल जी को मेरठ से नोएडा के फोर्टिस अस्पताल ले जाया गया। वहाँ विशेषज्ञ डॉक्टरों की देखरेख में उनका ऑपरेशन किया गया। डॉक्टरों ने न केवल उनके दोनों कूल्हों को ठीक किया, बल्कि उनके दोनों घुटनों को भी बदल दिया, जो पहले से ही उन्हें अत्यधिक कष्ट दे रहे थे।

ऑपरेशन सफल रहा। लेकिन इस पूरी प्रक्रिया में जो सबसे अद्‌त बात थी, वह यह थी कि जैसे ईश्वर ने इस कठिनाई के भीतर भी एक नया अवसर छिपा दिया हो। ऑपरेशन के बाद जयपाल जी धीरे-धीरे स्वस्थ होने लगे और जब वे चलने लगे, तो हमने एक नई बात अनुभव की। अब वे पहले से अधिक सहजता से चल पा रहे थे। जिन घुटनों के दर्द से वे पहले परेशान रहते थे, वह अब समाप्त हो चुका था। ऐसा लगा मानो इस पीड़ा के माध्यम से उन्हें एक नया जीवन मिल गया हो—एक प्रकार का पुनर्जन्म। मैंने उस समय मन ही मन कहा—'हे प्रभु, आपकी लीला अपरंपार है' आप परीक्षा भी लेते हैं, और उसी में आशीर्वाद भी छिपा देते हैं'। इस घटना ने हमें फिर यह सिखाया कि जीवन में आने वाली हर कठिनाई केवल कष्ट ही नहीं लाती; कभी-कभी वह अपने साथ एक नई राह, एक नया समाधान और एक नया जीवन भी लेकर आती है। सच में, जयपाल जी का वह ऑपरेशन केवल उपचार नहीं था; वह उनके जीवन का एक नया अध्याय था, जिसमें वे पहले से अधिक सशक्त और सहज होकर आगे बढ़े।

मई 2021 का वह समय आज भी मेरे मन में एक गहरी छाया की तरह अंकित है। पूरी दुनिया एक अदृश्य संकट से जूझ रही थी। भारत में स्थिति इतनी भयावह हो चुकी थी कि हर ओर भय, अनिश्चितता और असहायता का वातावरण था। लोग सचमुच ऐसे जा रहे थे मानो जीवन का मूल्य ही अचानक बहुत छोटा हो गया हो। ऐसे समय में हम दोनों भी उस महामारी की चपेट में आ गए। शुरुआत में हल्के लक्षण थे, लेकिन धीरे-धीरे स्थिति गंभीर होने लगी। मेरी साँसें भारी होने लगीं, और जब ऑक्सीजन स्तर गिरने लगा, तो मन में एक अनकहा भय घर करने लगा। वह केवल शारीरिक कष्ट नहीं था; वह एक ऐसी स्थिति थी, जहाँ हर क्षण यह प्रश्न सामने खड़ा था कि 'अब आगे क्या होगा?'

मैं भीतर ही भीतर भगवान को पुकार रही थी। जयपाल जी भी मेरे पास थे, और उनकी उपस्थिति ही मेरे लिए एक सहारा थी। लेकिन उस समय हम दोनों ही ऐसी परीक्षा से गुजर रहे थे, जहाँ केवल दवा ही नहीं, विश्वास भी आवश्यक था। मुझे आज भी याद है, उस समय मेरे मन में केवल एक ही भावना थी—'हे प्रभु, अगर आपने हमें इतने वर्षों तक संभाला है, तो इस बार भी हमें अकेला मत छोड़िए'। ऐसा लग रहा था मानो जीवन और मृत्यु के बीच एक बहुत पतली रेखा खिंच गई हो, और हम उसी रेखा पर खड़े हों।

लेकिन फिर वही हुआ, जो हमारे जीवन में बार-बार होता आया था—ईश्वर ने हमें फिर संभाल लिया। धीरे-धीरे हमारी स्थिति में सुधार होने लगा। मेरी साँसें सामान्य होने लगीं, और ऑक्सीजन स्तर भी स्थिर होने लगा। जयपाल जी भी तेज़ी से स्वस्थ होने लगे। कुछ ही समय में हम दोनों इस संकट से बाहर आ गए। जब मैंने पीछे मुड़कर उस समय को देखा, तो मुझे यह स्पष्ट समझ आया कि यह केवल चिकित्सा का परिणाम नहीं था—यह ईश्वर की कृपा थी। यह जयपाल जी के पूरे जीवन के पुण्य और उनके सत्कर्मों का फल था, जिसने हमें उस कठिन समय में भी सुरक्षित रखा।

मैंने उस दिन मन ही मन यह अनुभव किया कि हमें एक और जीवन मिला है। यह केवल बीमारी से उबरना नहीं था; यह मृत्यु के द्वार से वापस लौटना था। उस अनुभव ने मेरे भीतर एक नई श्रद्धा, एक नया विश्वास और एक नई कृतज्ञता भर दी। आज भी जब मैं उस समय को याद करती हूँ, तो मन केवल यही कहता है—'हे प्रभु, आपने हमें बार-बार नया जीवन दिया है' हम आपके इस अनंत आशीर्वाद के सदा ऋणी रहेंगे।'

अध्याय 14

जयपाल जी की विरासत – मेरी दृष्टि से...

– पुष्पलता

जयपाल गुप्ता जी एक ऐसे व्यक्ति थे, जिन्होंने अपने जीवन से परिश्रम, त्याग और परिवार के प्रति अटूट प्रेम के मूल्यों को जीकर दिखाया। उनका जीवन इस सत्य का प्रमाण था कि प्रेम केवल एक भावना नहीं है—वह एक कर्म है, जो त्याग, जिम्मेदारी और समर्पण के माध्यम से प्रकट होता है। उनकी कहानी प्रसिद्धि या धन की नहीं, बल्कि उस मौन शक्ति और स्थिर प्रतिबद्धता की है, जिसके द्वारा उन्होंने अपने प्रियजनों के लिए जीवन की सर्वोत्तम संभावनाएँ सुनिश्चित कीं, चाहे इसके लिए उन्हें अपनी इच्छाओं का त्याग ही क्यों न करना पड़ा हो।

पहली दृष्टि में जयपाल जी एक साधारण व्यक्ति प्रतीत होते थे—एक पिता, जो अपने परिवार के लिए अथक परिश्रम करता था, और एक निष्ठावान पति। परंतु अपने बच्चों के लिए वे एक सच्चे नायक थे, जिन्होंने अपनी सुविधा, अपनी प्रसन्नता और अपनी निजी अभिलाषाओं का त्याग कर यह सुनिश्चित किया कि उनके बच्चों को जीवन में आगे बढ़ने के लिए हर आवश्यक साधन मिले। उनकी कहानी हर उस व्यक्ति के हृदय को छूती है, जो निःस्वार्थ मातृत्व-पितृत्व और पिता-पुत्र/पुत्री के गहरे संबंध को समझता है। उनका समर्पण केवल कर्तव्य की सीमा तक नहीं था; वह उनके व्यक्तित्व का मूल स्वभाव था, जिसने उनके आसपास के हर व्यक्ति के जीवन को प्रभावित और आकार दिया।

प्रारंभिक वर्ष और उनके त्याग

जयपाल जी स्वभाव से अत्यंत विनम्र व्यक्ति थे। उनका विश्वास था कि सच्चा सुख धन या विलासिता के पीछे भागने में नहीं, बल्कि अपने परिवार के कल्याण को सुनिश्चित करने में है। वे ऐसे व्यक्ति थे, जिनकी निजी इच्छाएँ बहुत कम थीं, और वे प्रायः अपनी आवश्यकताओं को

त्यागकर यह देखते थे कि उनके बच्चों को किसी चीज़ की कमी न रहे। जहाँ बहुत से लोग समय-समय पर अपने लिए नए कपड़े या कोई विलासिता की वस्तु खरीदने का विचार करते, वहीं जयपाल जी ऐसे विचारों को एक ओर रख देते। इसके स्थान पर वे यह सुनिश्चित करते कि उनके बच्चों के पास पढ़ाई के लिए पुस्तकें हों, त्योहारों और विशेष अवसरों पर पहनने के लिए नए वस्त्र हों। उनके ये त्याग दुनिया की दृष्टि में भले न आए हों, परंतु वही वह मौन आधारशिला थे, जिन पर आगे चलकर उनके बच्चों की सफलताएँ खड़ी हुईं।

उनके निःस्वार्थ स्वभाव का एक अत्यंत प्रभावशाली उदाहरण उनकी साइकिल थी। विवाह में पत्नी की ओर से मिला यह उपहार उनके लिए एक प्रिय वस्तु बन गया, और वह साइकिल जयपाल जी के जीवन-दर्शन का प्रतीक बन गई। जहाँ बहुत से लोग अपनी वस्तुओं को समय के साथ जर्जर होने देते हैं, वहीं जयपाल जी अपनी साइकिल की अत्यंत सावधानी से देखभाल करते। वे उसे नियमित रूप से चमकाते-पोंछते, इस प्रकार कि वह सदैव नई-सी दिखाई देती। राह चलते लोगों को वह नई खरीदी हुई प्रतीत होती, क्योंकि उसे सँभालने में जयपाल जी का अनुशासन और सजगता झलकती थी। वह साइकिल उनके लिए केवल आवागमन का साधन नहीं थी; वह उनके सुव्यवस्थित, स्थिर और कृतज्ञ जीवन-दृष्टिकोण का प्रतिबिंब थी—जो कुछ है, उसकी रक्षा करो, उसे सँभालो, और कभी किसी वस्तु को हल्के में मत लो।

कृतज्ञता सिखाने वाले सरल कर्म

जयपाल जी का समर्पण केवल भौतिक त्याग तक सीमित नहीं था। वे मानते थे कि सच्चा सुख कृतज्ञता और सम्मान में निहित है—केवल वस्तुओं के लिए नहीं, बल्कि जीवन के छोटे-छोटे आशीर्वादों के लिए भी। उनकी एक नियमित आदत थी—पक्षियों को दाना डालना। यह एक छोटा-सा कार्य प्रतीत हो सकता है, लेकिन उनके जीवन-दर्शन में इसका बहुत गहरा स्थान था। प्रत्येक सुबह वे अपने तीन छोटे बच्चों को 'चिड़ियाचुग्गा' की एक छोटी मात्रा देते—चिवड़ा और मेवों का मिश्रण, जो पक्षियों के लिए होता था। यह केवल पक्षियों को खिलाने का काम नहीं था; यह उनके बच्चों को कृतज्ञता, प्रकृति के प्रति सम्मान और यह समझाने का माध्यम था कि संसार के प्रति करुणा और छोटे-छोटे दयाभाव भी बहुत महत्व रखते हैं।

जयपाल जी जानते थे कि जीवन और प्रकृति के प्रति सच्चा आदर धन से नहीं, बल्कि प्रत्येक जीव के मूल्य को समझने से आता है। इन छोटे-छोटे कर्मों के माध्यम से उन्होंने अपने

बच्चों को प्रेम, विनम्रता और इस संसार के प्रति आभार के संस्कार दिए। ये शिक्षाएँ किसी बड़े भाषण या उपदेश के माध्यम से नहीं दी गईं, बल्कि जीवन के सहज और अर्थपूर्ण व्यवहारों के माध्यम से परिवार में उतारी गईं।

उनके समर्पण और त्याग का एक और अत्यंत मार्मिक उदाहरण वैष्णो देवी की यात्रा के समय सामने आया। जब जयपाल जी हमारा पूरा परिवार लेकर पर्वत की चढ़ाई पर मंदिर के दर्शन के लिए जा रहे थे, तो उन्होंने अपनी छोटी बेटी को अपने कंधों पर बैठा लिया। स्वयं उनका शरीर उस कठिन चढ़ाई से थक चुका था, किंतु उन्होंने अपने चेहरे पर कभी कष्ट नहीं आने दिया। उनके इस निःस्वार्थ कर्म में उनके परिवार के प्रति गहरा प्रेम झलकता था। बच्चों के लिए यह केवल पिता का उन्हें उठाकर ले जाना नहीं था; यह उस प्रेम का प्रमाण था, जो हर कठिनाई से बड़ा था। उनका जीवन जैसे कह रहा था—परिस्थितियाँ चाहे जितनी कठिन हों, मेरा प्रेम तुम सबके लिए उनसे भी अधिक दृढ़ है।

शिक्षा के लिए किया गया संघर्ष

जयपाल जी का प्रेम केवल दैनिक व्यवहार में नहीं, बल्कि अपने बच्चों को सर्वोत्तम शिक्षा दिलाने के संकल्प में भी स्पष्ट दिखाई देता था। वे भली-भाँति जानते थे कि शिक्षा ही उनके बच्चों के भविष्य की कुंजी है। इसी उद्देश्य से उन्होंने अनेक कठिनाइयाँ स्वीकार कीं। अपने बच्चों को एक बेहतर विद्यालय में पढ़ाने के लिए उन्होंने परिवार को पठानकोट में बसाया, जबकि उनका कार्यस्थल जम्मू में था। पठानकोट और जम्मू के बीच लगभग 110 किलोमीटर की दूरी थी, जिसे जयपाल जी प्रतिदिन तय करते थे।

उनका दिन प्रातः 4 बजे आरंभ होता था। वे उठते, साइकिल पर रेलवे स्टेशन जाते और वहाँ से जम्मू की पहली ट्रेन पकड़ते। उनके हाथ में प्रायः एक लाठी होती, किसी व्यक्ति के भय से नहीं, बल्कि उन आवारा कुत्तों से बचाव के लिए जो भोर के अँधेरे में सड़कों पर घूमते रहते थे। दिनभर द्फ्तर में कार्य करने के बाद वे जम्मू से अंतिम ट्रेन पकड़कर वापस पठानकोट लौटते, और कई बार आधी रात को घर पहुँचते। इतनी लंबी और थका देने वाली दिनचर्या के बावजूद उन्होंने कभी शिकायत नहीं की। उनका एकमात्र ध्येय था—अपने बच्चों के लिए श्रेष्ठ भविष्य तैयार करना। उनकी ये यात्राएँ और परिश्रम उनकी जिम्मेदारी और प्रेम के प्रत्यक्ष प्रमाण थे।

सप्ताहांत की छोटी-छोटी यात्राएँ

अपने अत्यंत कठिन कार्य-व्यस्त जीवन के बावजूद जयपाल जी परिवार के साथ समय बिताने के महत्व को भली-भाँति समझते थे। सप्ताहांत में वे परिवार के लिए अवश्य कुछ समय निकालते। ये यात्राएँ भव्य नहीं होती थीं; अधिकतर वे पास की झीलों तक छोटी पिकनिक या मंदिरों के दर्शन के लिए जाने जैसे सरल कार्यक्रम होते थे। घर का बना साधारण भोजन साथ रखा जाता, और वही सादगी प्रेम और एकता के कारण उत्सव बन जाती।

एक बार हम एक शांत झील के किनारे स्थित एक सुंदर मंदिर गए। उस स्थान की प्राकृतिक शोभा और वातावरण की शांति ने उस दिन को अविस्मरणीय बना दिया। मंदिर-परिसर में घूमते हुए जयपाल जी प्रेम, धैर्य और परिवार के महत्व पर अपने विचार साझा करते। फूलों की सुगंध, झील की मृदु लहरें, और परिवार का साथ—इन सबके बीच बच्चों को बार-बार यह अनुभव होता कि हमारे परिवार की शक्ति किसी धन-दौलत में नहीं, बल्कि प्रेम, समर्पण और साथ बिताए गए पलों में है।

जीवन कौशल सिखाने वाले पिता

जयपाल जी केवल पालनकर्ता ही नहीं थे; वे एक मार्गदर्शक भी थे। जब हमारी बेटी ममता बड़ी होने लगी, तो उन्होंने स्वयं उसे जीवन के व्यावहारिक कौशल सिखाने की जिम्मेदारी ली। उन महत्त्वपूर्ण पाठों में से एक था—सही रोटी बनाना। यह कौशल परंपरागत रूप से माँ से बेटी तक पहुँचता रहा है, लेकिन जयपाल जी समानता में विश्वास रखते थे। वे धैर्यपूर्वक ममता को दिखाते कि आटा कैसे समान रूप से बेलना है और रोटी को ठीक प्रकार से कैसे सेंकना है। उनके लिए यह केवल खाना बनाना सिखाना नहीं था, बल्कि पोषण, सेवा और अपने प्रियजनों का ध्यान रखने का मूल्य सिखाना था। यह शिक्षा आगे चलकर ममता के जीवन में अत्यंत उपयोगी सिद्ध हुई।

उनका समर्थन यहीं समाप्त नहीं होता था। जब ममता ने साइकिल चलाना सीखना शुरू किया, तो जयपाल जी हर कदम पर उसके साथ खड़े रहे। प्रारंभ में ममता घबराती थी, लेकिन उनके प्रोत्साहन में कभी कमी नहीं आई। वे कहते, 'घबराओ मत, ममता, मैं यहीं हूँ। तुम सीख जाओगी।' उनकी स्थिर उपस्थिति, उनका विश्वास और उनका साथ ममता को यह अनुभव कराता था कि वह कभी अकेली नहीं है। चाहे यात्रा कितनी भी कठिन हो, उसके पिता उसके साथ-साथ दौड़ते रहेंगे।

पिता की दूरदृष्टि और मार्गदर्शन

जब ममता युवती हुई, तब भी जयपाल जी अपनी दूरदृष्टि और ज्ञान से उसका मार्गदर्शन करते रहे। एक दिन, हमारी परिचित कलावती ने ममता के लिए एक संभावित वर का प्रस्ताव रखा। ममता उस समय अपने करियर के निर्माण पर केंद्रित थी और वह इतनी जल्दी विवाह नहीं करना चाहती थी। मैंने भी उसकी इस इच्छा का समर्थन किया। लेकिन जयपाल जी ने अपनी सूझबूझ से समझ लिया कि वह युवक ममता के लिए उपयुक्त जीवनसाथी हो सकता है।

उस परिवार से मिलकर लौटने के बाद उन्होंने ममता को बैठाकर बहुत कोमलता से समझाया। उन्होंने कहा, 'ममता, कभी-कभी जीवन में अवसर केवल एक बार आते हैं। यह लड़का तुम्हारे लिए अच्छा है। जैसे मैंने हमेशा तुम्हारे सपनों का साथ दिया, वैसे ही वह भी देगा। जीवन केवल एक ही दिशा में चलने का नाम नहीं है; यह संतुलन पाने का नाम भी है।' पिता के शब्दों में निहित सच्चाई और स्नेह को महसूस कर ममता ने अंततः उस विवाह के लिए सहमति दी। आगे चलकर वही विवाह सुखद और संतोषपूर्ण सिद्ध हुआ।

जीवन, आस्था और पिता का निर्णय

जयपाल जी का मार्गदर्शन केवल विवाह जैसे निर्णयों तक सीमित नहीं था। जब ममता अनपेक्षित रूप से गर्भवती हुई, तो उसने गर्भपात के बारे में सोचा। लेकिन जयपाल जी ने इस निर्णय की गंभीरता को समझा। उन्होंने गहरी चिंता के साथ कहा, 'ममता, यदि तुम ऐसा करोगी, तो शायद तुम्हें बाद में होने वाली जटिलताओं का अनुमान नहीं है। हो सकता है तुम फिर कभी माँ न बन पाओ।' उनके शब्द केवल चिकित्सकीय चिंता नहीं थे; वे जीवन की पवित्रता के प्रति उनके विश्वास का प्रतिबिंब थे। अपने पिता की बातों पर विचार करने के बाद ममता ने गर्भ को सुरक्षित रखने का निर्णय लिया और आगे चलकर एक स्वस्थ शिशु को जन्म दिया।

ममता के प्रति जयपाल जी का समर्थन वैसा ही अडिग बना रहा जैसा वह सदैव रहा था। उनका प्रेम अपने बच्चों के प्रति उनके मार्गदर्शन में स्पष्ट दिखाई देता था। वे अपने विचार कभी थोपते नहीं थे, बल्कि आवश्यकता पड़ने पर बुद्धि, अनुभव और प्रेम से सहारा देते थे। हमारी साझी जीवन-यात्रा भी उतनी ही अर्थपूर्ण थी। नवरात्रि के दिनों में मैं अत्यंत श्रद्धा से पूजा करती थी, यह विश्वास रखते हुए कि माँ अंबे का आशीर्वाद परिवार को संकटों से बचाएगा और समृद्धि लाएगा। जयपाल जी ने सदैव अपनी पत्नी की आस्था का सम्मान किया और उन आध्यात्मिक परंपराओं को समर्थन दिया, जिन्होंने हमारे परिवार के जीवन को आकार दिया।

उनकी विरासत

जयपाल जी गुप्ता का जीवन प्रेम, त्याग और परिवार के प्रति अटूट समर्पण का जीवंत उदाहरण है। यद्यपि उन्होंने कभी यश या सार्वजनिक मान्यता की आकांक्षा नहीं की, फिर भी उनकी बनाई हुई विरासत अत्यंत गहरी और प्रभावशाली है। उन्होंने यह सिद्ध किया कि सफलता का अर्थ न धन है, न बाहरी प्रसिद्धि—सफलता उस प्रेम और समर्पण में है, जो हम अपने परिवार को देते हैं। उनके बच्चे, जो आगे चलकर सफल पेशेवर और संवेदनशील मनुष्य बने, अपनी उपलब्धियों के लिए बहुत कुछ उस नींव को देते हैं, जो जयपाल जी ने अपने प्रेम, ज्ञान और त्याग से तैयार की।

उनका जीवन भले सादा रहा हो, पर वह अत्यंत अर्थपूर्ण था। उनके मूल मूल्य—परिश्रम, प्रेम, त्याग और बुद्धिमत्ता शाश्वत हैं। उनकी कहानी उन सभी के लिए प्रेरणास्रोत है, जिन्होंने उन्हें निकट से जाना। यह हमें याद दिलाती है कि सच्ची महानता अक्सर पिता के उस शांत प्रेम में छिपी होती है, जो बिना शोर किए जीवन बना देता है। जयपाल गुप्ता जी भले बाहरी दुनिया की दृष्टि में न प्रसिद्ध रहे हों, न धनी, लेकिन अपने परिवार के हृदयों में वे एक ऐसे विराट व्यक्तित्व के रूप में जीवित हैं, जिनके प्रेम, ज्ञान और त्याग ने पीढ़ियों पर अमिट छाप छोड़ी है।

वंश-वृक्ष: संघर्ष से संवरती विरासत

यह समूचा विस्तार, यह स्थिरता और यह उन्नति किसी एक क्षण का परिणाम नहीं, बल्कि जयपाल गुप्ता जी के पूरे जीवन की साधना, संघर्ष और सरलता का प्रतिफल है। उन्होंने अपना जीवन कठिनाइयों में व्यतीत किया, पर अपने परिवार को कभी अभाव का अनुभव नहीं होने दिया। उनके सिद्धांत, उनकी सत्यनिष्ठा और उनकी सादगी ने पूरे परिवार को वह आधार दिया, जिस पर आज हर सदस्य आत्मविश्वास और सम्मान के साथ खड़ा है। जो कुछ भी इस परिवार ने प्राप्त किया है, वह उनके आशीर्वाद, उनके संस्कारों और उनके द्वारा दिए गए जीवन-मूल्यों का ही प्रसाद है।

उनकी ज्येष्ठ पुत्री डा. ममता मध्यप्रदेश के होशंगाबाद में एक स्नातकोत्तर महाविद्यालय में अंग्रेज़ी की प्राध्यापिका के रूप में कार्यरत हैं और ज्ञान के माध्यम से समाज को दिशा दे रही हैं। उनके पति रतीश गर्ग एक बैंक प्रबंधक के रूप में अपने उत्तरदायित्व निभा रहे हैं। उनकी बड़ी पुत्री यशिका ने फलोरिडा स्टेट यूनिवर्सिटी से पीएच.डी. पूर्ण कर अमेरिका में एक

बहुराष्ट्रीय कंपनी में अपना स्थान बनाया है; वहीं उन्होंने विवाह भी किया है और अब स्थायी रूप से अमेरिका में ही स्थापित हो गई हैं। दूसरी पुत्री सौम्या अपने उच्च अध्ययन, पीएच.डी., में निरंतर अग्रसर है।

द्वितीय पुत्र कृष्णकान्त दुबई की एक पेट्रोलियम कंपनी में निदेशक पद पर कार्यरत हैं और अपने परिश्रम से परिवार का नाम ऊँचा कर रहे हैं। उनकी धर्मपत्नी राधिका गुप्ता अपने स्नेह, समर्पण और मर्यादा से गृहस्थ जीवन को संतुलित बनाए हुए हैं। उनकी ज्येष्ठ पुत्री श्रुति गुरुग्राम में एक बहुराष्ट्रीय कंपनी से जुड़ी हैं, दूसरी पुत्री शुभांगी नोएडा में मानव संसाधन विभाग में कार्यरत हैं, और सबसे छोटी अम्बिका अपने स्नातक के अंतिम वर्ष में अध्ययनरत है—तीनों ही अपने-अपने मार्ग पर निरंतर आगे बढ़ रही हैं।

तृतीय पुत्री दीपा मित्तल ने लखनऊ पब्लिक स्कूल में शिक्षण एवं प्रशासनिक दायित्वों का निर्वहन किया और अब शिक्षा क्षेत्र में परामर्श सेवाओं के माध्यम से अपना योगदान दे रही हैं। उनके पति परेश मित्तल लखनऊ में होंडा मोटर कम्पनी के साथ वित्त विभाग के प्रमुख के रूप में कार्यरत हैं। उनके पुत्र दीपेश म्यांमार के यांगून में एक बहुराष्ट्रीय कंपनी में कार्यरत होकर वहीं अपने जीवन को स्थापित कर चुके हैं, जबकि छोटे पुत्र आशीष ने प्रबंधन की शिक्षा के पश्चात अपने व्यावसायिक जीवन की दिशा में कदम बढ़ाया है और अपने जीवन के नए अध्याय की ओर अग्रसर हैं।

सबसे छोटे आशुतोष गर्ग अमेरिका में अपनी औषधि कंपनी के साथ स्थायी रूप से स्थापित हैं और अपने परिश्रम से एक सुदृढ़ पहचान बना चुके हैं। उनकी पत्नी कशिश गर्ग अपने स्वयं के हीरे के व्यवसाय में संलग्न हैं। उनके चारों बच्चे—रोहताश, जो अमेरिका में अभियंत्रण की शिक्षा प्राप्त कर रहा है; परितोष, जो उच्च शिक्षा की ओर अग्रसर है; एंजल, जो विद्यालयीन जीवन में है; और विलोहित, जो अपनी प्रारंभिक शिक्षा में है—सभी अपने उज्ज्वल भविष्य की ओर बढ़ रहे हैं।

इस प्रकार यह संपूर्ण परिवार एक ऐसे वटवृक्ष की भाँति है, जिसकी जड़ें जयपाल गुप्ता जी के संघर्ष, सादगी और सत्य पर आधारित हैं, और जिसकी शाखाएँ आज दूर-दूर तक फैलकर फल-फूल रही हैं। उनके जीवन का प्रत्येक त्याग, प्रत्येक सिद्धांत और प्रत्येक सीख आज इस परिवार की उन्नति में प्रतिबिंबित होता है। यही उनकी सच्ची विरासत है—एक ऐसा परिवार, जो उनके मूल्यों पर चलकर निरंतर आगे बढ़ रहा है और उनके आशीर्वाद को अपने प्रत्येक कदम में अनुभव करता है।

जीवन की इस लंबी यात्रा को लिखते-लिखते, जहाँ हर पंक्ति में स्मृतियाँ थीं और हर शब्द में भावनाएँ थीं, वहीं एक क्षण ऐसा आया जब मुझे लगा कि इस कथा को केवल मेरी दृष्टि से ही नहीं, बल्कि उन हृदयों से भी सुनना चाहिए, जिन्होंने जयपाल जी को सबसे निकट से जिया है। अब तक जो कुछ मैंने लिखा, वह एक पत्नी, एक सहयात्री और एक साक्षी के रूप में लिखा। परंतु जीवन का सत्य इतना विशाल होता है कि उसे एक ही स्वर में बाँधना पर्याप्त नहीं होता। कुछ अनुभूतियाँ ऐसी होती हैं, जिन्हें केवल वही कह सकता है, जिसने उन्हें अपने भीतर सबसे गहराई से महसूस किया हो।

मेरे चारों बच्चे—ममता गर्ग, कृष्णकांत, दीपा और आशुतोष सभी ने यह इच्छा व्यक्त की कि वे भी अपने पिता के प्रति अपने भाव, अपनी स्मृतियाँ और अपनी श्रद्धा को शब्दों में पिरोना चाहते हैं। यह केवल एक इच्छा नहीं थी; यह उनके हृदय की पुकार थी। उन्होंने कहा कि वे अपने पिता को केवल याद नहीं करना चाहते, बल्कि उन्हें अपने शब्दों में जीवित रखना चाहते हैं। उनकी दृष्टि में जयपाल जी केवल एक पिता नहीं थे; वे उनके जीवन के मार्गदर्शक, उनके आदर्श और उनके सबसे बड़े प्रेरणास्रोत थे।

इसलिए, इस स्थान पर मैं थोड़ी देर के लिए अपनी कलम को विराम देती हूँ और यह अवसर अपने बच्चों को समर्पित करती हूँ, ताकि वे अपने-अपने अनुभवों, स्मृतियों और भावनाओं के माध्यम से अपने प्रिय पिता को श्रद्धांजलि अर्पित कर सकें। अब आगे के अध्यायों में आप एक ही पिता के प्रति चार अलग-अलग हृदयों की आवाज़ सुनेंगे—चार दृष्टिकोण, चार संवेदनाएँ, चार अनुभव, लेकिन एक ही केंद्र, एक ही प्रकाश, एक ही नाम—**जयपाल जी**।

अध्याय 15

स्मृतियाँ – दीपा की अनुभूतियाँ

– दीपा मित्तल

मेरे बचपन के शांत और अक्सर अत्यंत सौम्य पलों में, सबसे साधारण दिनचर्या के भीतर भी एक गहरा सुकून हमेशा मौजूद रहता था। हम बिगड़े हुए बच्चे नहीं थे, न ही हमें बाहरी दुनिया के प्रति कोई अतृप्त आकर्षण था। इसके विपरीत, मेरे भाई-बहन, पापा जी, मम्मी जी और मैं जीवन की सादगी में ही आनंद खोज लेते थे। हमारे परिवार के छोटे-छोटे संस्कारों में ही घर की ऊष्मा बसती थी। हर शाम जब पापा जी दफ़्तर से घर लौटते थे, तो लगता था मानो पूरा घर उनकी प्रतीक्षा में थमा हुआ हो। मम्मी जी, अपनी सहज गरिमा और मधुरता के साथ, दरवाज़े पर खड़ी रहतीं, और उनके चेहरे पर खिली मुस्कान किसी स्वर्गीय आशीर्वाद जैसी लगती थी।

जैसे ही पापा जी भीतर आते, मम्मी जी एक कोमल, स्वागत-भरी मुद्रा के साथ द्वार खोलतीं। उनकी आँखें मिलतीं, और उस मौन मिलन में ऐसा गहरा प्रेम व्यक्त हो जाता, जिसे शब्दों की आवश्यकता ही नहीं होती थी। हम बच्चे अपने-अपने अध्ययन-टेबल के पास बैठे होते, किताबें खुली रहतीं, पर हमारा ध्यान केवल पढ़ाई पर नहीं, उस स्नेहमय मिलन पर भी टिका रहता था। हममें से कोई एक श्रद्धा के साथ पापा जी को पानी का गिलास देता, जिसकी चमक सांझ की रोशनी में और बढ़ जाती थी। बाकी बच्चे अपनी कॉपियों पर झुके रहते, और पेंसिलों की धीमी, लयबद्ध खड़खड़ाहट कमरे के शांत वातावरण को एक सुखद ध्वनि से भर देती थी।

पापा जी हाथ धोते, और पानी की हल्की-सी छप-छप उस मौन को और भी आत्मीय बना देती। जब वे बैठते, तो उनका शांत और गरिमामय व्यक्तित्व घर पर जैसे एक अलग ही आभा बिखेर देता। कभी-कभी मम्मी जी या हमारी बड़ी बहन हमारे लिए शरबत बनातीं—रूह अफ़ज़ा। गुलाब की मीठी सुगंध और उसमें मिली ठंडक हवा में घुल जाती, मानो हमें अपनी

बाहों में समेट रही हो। हम उसे धीरे-धीरे पीते, उसका स्वाद देर तक ज़ुबान पर ठहर जाता, और कुछ देर के लिए पढ़ाई भी पीछे छूट जाती। फिर हम सब मिलकर कैरम खेलते। गोटियों के पट पर सरकने और टकराने की ध्वनि कमरे को एक चंचल जीवन्तता से भर देती थी। ऊपर जलता हुआ बल्ब दीवारों पर कोमल परछाइयाँ बनाता, और पूरा कमरा एक घनिष्ठ, स्नेहभरी दुनिया में बदल जाता। खेल कभी-कभी घंटों चलता, और हमारी हँसी घर के कोने-कोने में गूँजती रहती।

लेकिन हमारे घर की शामें केवल पढ़ाई या खेल तक सीमित नहीं थीं। उनमें कुछ और भी था—कुछ ऐसा जो बहुत गहरा और मूल्यवान था। कभी-कभी पापा जी या मम्मी जी हमें अपने पास बैठाकर भगवान की कथाएँ सुनाते। वे केवल कथाएँ नहीं होती थीं, वे जीवन के सूत्र होती थीं, जिन्हें हम जाने-अनजाने अपने भीतर उतारते जाते थे। जैसे-जैसे शाम ढलती, रसोई से भोजन की सुगंध आने लगती और हमारे पेट में हल्की-सी भूख की आहट होने लगती। सब्ज़ी के छौंक की आवाज़, बर्तनों की हल्की टन-टन, और रसोई में काम करते हुए मम्मी जी का धीरे-धीरे गुनगुनाना—ये सब मेरे बचपन का संगीत बन गए थे।

जब हम सब साथ बैठकर भोजन करते, तो लगता था जैसे भोजन में भी कोई दिव्यता हो। गरम थाली, उठती हुई सुगंध, और हर कौर का स्वाद—सब कुछ इतना आत्मीय होता था कि वह भोजन केवल भोजन न रहकर एक पवित्र संस्कार बन जाता था। मम्मी जी का हमें खिलाने का ढंग बहुत सुंदर था। वे यह सुनिश्चित करतीं कि पहले हम सब तृप्त हो जाएँ, उसके बाद ही स्वयं कुछ खाएँ। उनके इस सरल, किन्तु गहरे व्यवहार में उनका प्रेम साफ झलकता था। वे बार-बार हमारी थाली में रोटियाँ रखती जातीं, और वे मुलायम, सुनहरी रोटियाँ जैसे कभी समाप्त ही नहीं होती थीं।

पापा जी, अपनी आदत के अनुसार, शांतिपूर्वक भोजन करते। वे कभी जल्दबाज़ी नहीं करते थे। उसके बाद वे मम्मी जी के लिए परोसते, यह सुनिश्चित करते कि उनकी थाली पूरी हो और उन्हें किसी चीज़ की कमी न रहे। फिर प्रेम के एक ऐसे भाव में, जिसे शब्दों में बाँधना कठिन है, वे अपनी थाली से एक कौर रोटी का तोड़कर मम्मी जी की ओर बढ़ाते। उस छोटे-से भाव में उनके मन का सम्मान, प्रेम और गहन आदर समाहित होता था। मम्मी जी विनम्रता से उसे स्वीकार करतीं और उसे ऐसे खातीं, जैसे वह कोई प्रसाद हो।

समय कहाँ चला जाता है—मैं अक्सर यह सोचती हूँ। वह इतनी जल्दी कैसे बीत जाता है? आज भी जब मैं बैठकर इन सब बातों को याद करती हूँ, तो विश्वास करना कठिन लगता है कि कितना कुछ बदल गया है। वे दिन मुझे आज भी उतने ही ताज़ा लगते हैं, जैसे अभी-अभी

बीते हों। पापा जी आज भी मेरे साथ हैं। उनकी उपस्थिति कभी सचमुच गई ही नहीं। मेरे लिए ये पुरानी यादें नहीं हैं; ये जीवित पल हैं, जो आज भी मेरे व्यक्तित्व को गढ़ते हैं।

पापा जी हमसे गहरा प्रेम करते थे, लेकिन उनके व्यक्तित्व में एक अनुशासन भी था। मैंने उन्हें कभी यूँ बैठे नहीं देखा, जब मम्मी जी रसोई में व्यस्त हों। जैसे ही वे देखते कि मम्मी जी काम कर रही हैं, वे तुरंत कहते, 'देखो, तुम्हारी मम्मी जी काम कर रही हैं, जाओ उनकी मदद करो।' यह केवल घर के कामों में हाथ बँटाने की बात नहीं थी; यह हमें जिम्मेदारी, सम्मान और कृतज्ञता सिखाने का उनका तरीका था। वे अक्सर कहते थे, 'याद रखो, हर काम, चाहे कितना भी छोटा हो—भगवान की सेवा है।' उनका स्वर दृढ़ होता था, पर उसमें प्रेम भरा रहता था।

उनकी दृष्टि सदा मम्मी जी के इर्द-गिर्द ही घूमती रहती थी। विवाह के बाद मम्मी जी उनके जीवन में एक साधना-रत, समर्पित पत्नी के रूप में आई थीं। दोनों साथ मिलकर ऐसे लगते थे मानो ईश्वर ने उन्हें एकदूसरे के जीवन में शांति और आनंद भरने के लिए भेजा हो। उनका संबंध केवल सांसारिक नहीं था; उसमें एक आध्यात्मिक गहराई थी। वे प्रेम, सम्मान और पारस्परिक त्याग के धागों से इतने वर्षों में इस प्रकार बँध चुके थे कि उनका साथ किसी साधना की पूर्णता जैसा लगता था। पापा जी कहा करते थे, 'वह मेरी सब कुछ हैं। उनके बिना मेरा जीवन अधूरा है।'

मुझे वे सुबहें आज भी उतनी ही स्पष्ट याद हैं। वे अपने आप में पवित्र हुआ करती थीं। पापा जी और मम्मी जी बहुत भोर में उठ जाते, सूरज निकलने से पहले। वे मिलकर घर की सफाई करते, हर गतिविधि में उद्देश्य होता था, हर गति में गरिमा। उसके बाद वे भगवान जी के कमरे में जाकर पूजा करते। उनके संयुक्त स्वर में मंत्रोच्चार की ध्वनि ऐसी लगती थी मानो कोई दिव्य संगति गूँज रही हो। मम्मी जी की मधुर आवाज़ और पापा जी की स्थिर ध्वनि मिलकर भक्ति की एक ऐसी लय बना देती थी, जिससे लगता था कि हवा तक पवित्र हो गई है।

उन्हीं क्षणों में मुझे सबसे अधिक दिव्य उपस्थिति का अनुभव होता था। वह केवल प्रार्थना का प्रभाव नहीं था; वह उनके हृदय की सच्चाई, उनकी श्रद्धा और उनके पारस्परिक प्रेम का प्रभाव था। हमारा घर महँगी सजावटों या वैभव से भरा नहीं था, लेकिन उसमें प्रेम, भक्ति और ऊष्मा का असाधारण खज़ाना था। वही घर हमें सुरक्षित, संरक्षित और गहराई से प्रेमित महसूस कराता था। हमारे घर को घर बनाने वाली कोई भौतिक वस्तु नहीं थी—उसे घर बनाती थी पापा जी और मम्मी जी की आत्मिक समृद्धि।

पापा जी और मम्मी जी केवल हमारे माता-पिता नहीं थे; वे हमारे पथप्रदर्शक थे। उन्होंने हमें सत्य, ईमानदारी और चरित्र की महत्ता सिखाई। उन्होंने अपने आचरण से दिखाया कि प्रेम

केवल भावना नहीं, बल्कि अभ्यास है—ऐसा अभ्यास, जिसमें समर्पण और निरंतरता चाहिए। मैं पूरे विश्वास से कह सकती हूँ कि हमने कभी उनसे झूठ नहीं बोला। उनके बीच और हमारे प्रति जो प्रेम और सम्मान था, वही हमारे लिए आदर्श बन गया।

पापा जी सख्त थे, पर उन्हें कभी आवाज़ ऊँची करने की आवश्यकता नहीं पड़ती थी। उनकी उपस्थिति ही सम्मान का वातावरण बना देती थी। उन्हें हमें दंडित करने की आवश्यकता नहीं होती थी; उनकी केवल एक नज़र ही पर्याप्त थी। ऐसा लगता था कि उनकी उपस्थिति में हम स्वयं बेहतर बनना चाहते हैं, उन आदर्शों के योग्य बनना चाहते हैं, जिन्हें उन्होंने हमारे सामने रखा था। वे कहते थे, 'सम्मान माँगा नहीं जाता, कमाया जाता है। सत्य के साथ जीकर, ईमानदारी से आचरण करके, और अपने आसपास के लोगों से प्रेम करके ही सम्मान मिलता है।'

वे हमारे नैतिक पथदर्शक थे, धर्ममय जीवन के साक्षात स्वरूप थे। हम, उनके बच्चे, उसी दिशा में अटूट विश्वास के साथ चलते रहे, क्योंकि उनके और मम्मी जी के प्रेम व संस्कारों ने हमें ऐसा बनना सिखाया। आज भी जब मैं पापा जी के बारे में सोचती हूँ, तो समझ पाती हूँ कि वे मेरे लिए केवल पिता नहीं थे; वे धर्म, शक्ति और अटूट प्रेम के प्रतीक थे। उनकी शिक्षाएँ आज भी मेरे भीतर गूँजती हैं और मेरा मार्गदर्शन करती हैं। उन्होंने हमें केवल अनुशासन से नहीं पाला, उन्होंने हमें प्रेम से गढ़ा—ऐसे प्रेम से, जो समय और दूरी से परे है, और जो आज भी मुझे और हम सबको आकार दे रहा है।

पापा जी का जीवन इस सत्य का प्रमाण था कि हमें वास्तव में समृद्ध बनाने वाली चीज़ें भौतिक संपत्ति नहीं, बल्कि वे मूल्य हैं जिन्हें हम आगे बढ़ाते हैं। उनका प्रेम निर्मल था, उनका समर्पण अटूट था, और उनकी शिक्षाएँ, वे तो सदैव मेरे साथ रहेंगी। और जैसे-जैसे मैं जीवन में आगे बढ़ती हूँ, एक बात पूरी निश्चितता से जानती हूँ—मैं उनकी विरासत हूँ, और प्रतिदिन उनके दिए गए पाठों को अपने जीवन में आगे बढ़ा रही हूँ।

जिन्होंने हमें गढ़ा, वे आशीर्वाद

– दीपा मित्तल

हम चारों भाई-बहनों के जीवन का सबसे गहरा सत्य यही रहा है कि मम्मी जी और पापा जी के सान्निध्य से हमें कभी कोई कमी नहीं रही। वे हमें केवल वस्तुएँ नहीं देते थे, वे हमें समय पर सहारा, दिशा और वह संबल देते थे जिसकी हमें आवश्यकता होती थी—कभी कहकर,

कभी बिना कहे ही। ऐसा प्रतीत होता था मानो हमारी अनकही इच्छाएँ भी उनके आशीर्वाद में समाहित होकर अपने आप पूर्ण हो जाती थीं।

मेरे अपने जीवन में भी यह अनुभव बार-बार सत्य हुआ। एक समय था जब मैं कार्यरत नहीं थी, जीवन अपनी सामान्य गति से चल रहा था। परंतु वर्ष 2006 में, पापा जी के आशीर्वाद से मैंने एक विद्यालय में अध्यापन कार्य प्रारंभ किया। यह केवल एक नौकरी नहीं थी, यह मेरे आत्मविश्वास और पहचान का आरंभ था। फिर समय के साथ, वर्ष 2012 में मुझे लखनऊ पब्लिक स्कूल में कार्य करने का अवसर प्राप्त हुआ। यह उपलब्धि मेरे लिए अप्रत्याशित थी, पर पापा जी के लिए यह अत्यंत प्रसन्नता का क्षण था। उनके चेहरे पर वह संतोष स्पष्ट झलकता था—शांत, गर्वपूर्ण और आशीर्वाद से भरा हुआ।

मेरे पति परेश उस समय अधिकारी पद पर नहीं थे, पर हमारे मन में एक सहज इच्छा थी कि वे उस स्थान तक पहुँचें। पापा जी का स्वभाव सदैव सत्यनिष्ठ रहा—वे किसी भी परिस्थिति में असत्य का सहारा नहीं लेते थे। और शायद यही सत्य का मार्ग था, जिसने अपना फल दिया। उनके आशीर्वाद से परेश को पदोन्नति प्राप्त हुई। यह घटना हमारे लिए केवल एक सफलता नहीं थी, यह उस सत्य और आशीर्वाद की पुष्टि थी, जिस पर हमारा पूरा जीवन टिका था।

पापा जी का जीवन देने का जीवन था। वे बिना कहे ही सब कुछ दे देते थे—समझ, संस्कार, सहारा और विश्वास। उनके शब्दों में सरलता थी, पर उन शब्दों का प्रभाव गहरा और स्थायी होता था। उन्होंने हमें कभी केवल आगे बढ़ना नहीं सिखाया, बल्कि सही मार्ग पर चलकर आगे बढ़नासिखाया।

उनकी यही शिक्षा हमारे बच्चों के जीवन में भी स्पष्ट दिखाई देती है। जो कुछ भी उन्हें प्राप्त हुआ—शिक्षा, अवसर, सफलता। सब उसी मार्गदर्शन और आशीर्वाद का परिणाम है। हमने कभी उनसे माँगने की आवश्यकता नहीं समझी, क्योंकि वे स्वयं हमारी आवश्यकता को समझ लेते थे।

आज जब मैं शांत बैठकर अपने जीवन को देखती हूँ, तो यह अनुभव करती हूँ कि जो कुछ भी मिला, वह किसी संयोग का परिणाम नहीं था। वह पापा जी के आशीर्वाद, उनकी सच्चाई और उनके दिए हुए संस्कारों का प्रसाद था।

इसलिए, यह अध्याय केवल एक स्मृति नहीं है। यह एक प्रार्थना है। एक धन्यवाद है। एक वचन है कि—हम उस प्रेम को कभी नहीं भूलेंगे, जिस हमने ईंट-ईंट, पल-पल जोड़कर बनाया।

अध्याय 16

मेरे अनुभव – एक पुत्री की श्रद्धामयी स्मृतियाँ

– ममता गर्ग

ॐ श्री गणेशाय नमः

इतने प्रकाश, त्याग और अर्थ से परिपूर्ण जीवन को कहां से वर्णित करना आरंभ किया जाए? मैं अपने आप को एक ऐसे प्यासे यात्री के समान अनुभव करती हूँ, जो स्मृतियों के एक असीम भोज के सामने बैठा हो—हर व्यंजन भावनाओं से परिपूर्ण, हर कण इतना अमूल्य कि उसे छोड़ना असंभव हो। मैं कैसे निर्णय लूँ कि कौनसी स्मृति पहले कहूँ और कौन-सी छोड़ दूँ? हर स्मृति एक दीपक है, जो ऊष्मा, मार्गदर्शन और ईश्वरीय कृपा से आलोकित है।

मैं इन घटनाओं को पूर्ण कालक्रम में नहीं सुना पाऊँगी। भावनाएँ समय की सीमाओं से कहीं तेज बहती हैं। यदि मेरी स्मृतियाँ कहीं भटक जाएँ या एक-दूसरे में मिल जाएँ, तो कृपया क्षमा करें, क्योंकि स्मृतियाँ चलती नहीं, नृत्य करती हैं।

जब मैं अपने परिवार के बारे में सोचती हूँ, मेरे शांत, तपस्वी पिता, मेरी बुद्धिमान और धैर्यवान माँ, मेरे स्नेही भाई और मेरी त्यागमयी बहन—तो मेरे हृदय में भावनाओं का सागर उमड़ पड़ता है। जो कुछ भी मैं हूँ, वह सब उन्हीं की देन है। मेरे जीवन की हर उपलब्धि की नींव उन्हीं पर टिकी है। किसी भवन की ऊँचाई उसकी नींव की गहराई पर निर्भर करती है, और हमारी जड़ें तो सीधे ईश्वर के हृदय तक जाती हैं।

जब मैं स्मृतियों के गलियारों से गुजरती हूँ, तो केवल घटनाएँ याद नहीं करती—मैं उन्हें पुनः जीती हूँ। मैं आवाज़ें सुनती हूँ, आँगन की शामों की गर्माहट महसूस करती हूँ, बिजली जाने

पर टिमटिमाते दीपक को देखती हूँ, माँ की आवाज़ में शास्त्रों के श्लोक सुनती हूँ और पिता को शांत चिंतन में लीन देखती हूँ।

मेरे माता-पिता का वर्णन करना ऐसा है जैसे मोम की रंगीन पेंसिल से सूर्य को चित्रित करना। जैसे तुलसीदास जी ने श्रीराम की महिमा को पूर्ण रूप से व्यक्त करने में अपनी असमर्थता स्वीकार की, वैसे ही मैं भी अपने माता-पिता के गुणों को पूर्ण रूप से व्यक्त करने में स्वयं को अयोग्य पाती हूँ। मुझे लगता है कि मेरे मातापिता दिव्य आत्माएँ थे।

एक दिन माँ ने एक स्वप्न के बारे में बताया। उन्होंने देखा कि आकाश से एक दिव्य विमान उतरा और एक आकाशवाणी हुई कि उसमें हमारे पूरे परिवार के लिए स्थान सुरक्षित है। यह केवल स्वप्न नहीं था, बल्कि एक दिव्य संकेत था कि हम केवल एक परिवार नहीं, बल्कि एक आध्यात्मिक संगम हैं।

हमारे माता-पिता हमारे जीवन के माली थे। पिता के शब्द वर्षा के समान थे और माँ की कथाएँ उर्वर मिट्टी के समान। उन्होंने हमें विश्वास, धैर्य और ईश्वर के प्रति अटूट श्रद्धा का पौधा बनाकर सींचा।

मुझे एक घटना स्मरण आती है। जब मैं छठी कक्षा में मेरठ के शकुंतला जूनियर हाई स्कूल में पढ़ने लगी, तब मुझे कक्षा में तीसरी बेंच पर बैठाया गया। मैं सदैव आगे बैठने वाली छात्रा रही थी, इसलिए यह मुझे अच्छा नहीं लगा और मैं रोते हुए घर आई। तब माँ ने बड़े स्नेह से कहा, 'बेटा, सूरज को सामने रहने की आवश्यकता नहीं होती। वह बादलों के पीछे रहकर भी सबको प्रकाश देता है।' उस समय मैं उनकी बात पूरी तरह नहीं समझ पाई, लेकिन जब मैंने सातवीं और आठवीं कक्षा में प्रथम स्थान प्राप्त किया, तब मुझे उनकी बात का अर्थ समझ में आया।

मेरे पिता ने भी मुझे जीवन के सत्य सिखाए। वे कहते थे, 'जीवन फूलों की सेज नहीं है, यह कांटों भरा मार्ग है। इसमें से तुम्हें अपने लिए शांति और मार्ग स्वयं बनाना होगा।' उनके ये शब्द मेरे जीवन की दिशा बन गए।

उनका प्रेम मौन था, परंतु अत्यंत गहरा था। जब मैं बड़ी हो गई थी, तब भी वे मुझे कॉलेज में प्रवेश दिलाने स्वयं जाते थे। वे स्वयं फॉर्म भरते, तिथियाँ देखते और हर प्रक्रिया का ध्यान रखते। मैंने कभी अन्य छात्रों के साथ उनके पिता को इस प्रकार उपस्थित नहीं देखा, लेकिन मेरे पिता ने इसे अपना कर्तव्य समझा, न कि बोझ।

सन् 1981 में जब हम जालंधर पहुँचे, तब हमारा जीवन एक छोटे से कमरे में सिमट गया था। उस कमरे में सुविधाएँ नहीं थीं, लेकिन वहाँ प्रेम और अपनापन भरपूर था। माँ अन्नपूर्णा के समान थीं। उनके हाथों का बना भोजन केवल भोजन नहीं, बल्कि प्रसाद था। पिता का व्यक्तित्व ऐसा था कि लोग उनके सामने सहज हो जाते थे।

शाम का समय हमारे लिए विशेष होता था। हम सब एक साथ बैठते, शरबत पीते, बातें करते और खेल खेलते। हमारे पास बहुत कुछ नहीं था, लेकिन जो था, वही हमारे लिए पर्याप्त था। वह छोटा सा कमरा आज भी मेरे हृदय का महल है—जहाँ प्रेम, संतोष और परिवार का सच्चा अर्थ बसता है।

हमारे जीवन का प्रकाश स्तंभ-पापा जी

– ममता गर्ग

पिता का प्रेम एक शाश्वत ज्योति होता है—ऐसी ज्योति, जिसे न समय बुझा सकता है, न मृत्यु। पापा जी का प्रेम गर्जन करता हुआ, आकाश को चीरता हुआ प्रेम नहीं था; वह एक प्रकाशस्तंभ की तरह शांत, अडिग और स्थिर था, जो तूफ़ानों के बीच भी अचल खड़ा रहता है और अंधेरी रातों में हमें घर की राह दिखाता है। उनकी उपस्थिति हमारा आश्रय थी, उनके शब्द हमारा शास्त्र, और उनका मौन अपने आप में एक भाषा था—ऐसी भाषा, जो त्याग, ज्ञान और असीम स्नेह की कोमल लय में बोलती थी।

इस संसार का कोई भी शब्दकोश उनके प्रेम की गहराई को पूर्णतः व्यक्त नहीं कर सकता, विशेषकर मेरे और मेरी बेटियों—यशिका और सौम्या के प्रति उनके समर्पण को। मैं भले ही उनकी गोद के संरक्षण से बहुत पहले बड़ी हो चुकी हूँ, लेकिन वे मेरे भीतर जिस पवित्र स्थान पर विराजमान हैं, वहाँ से वे कभी बड़े या दूर नहीं हो सकते। उनका प्रेम कोई क्षणिक ऋतु नहीं था; वह तो वह धुरी था, जिस पर हमारा समूचा संसार घूमता था। जब भी मैं डगमगाई, उनकी शिक्षाओं ने मुझे संभाला। जब जीवन के तूफ़ानों के सामने मेरे बच्चे काँप उठे, तो उनके आशीर्वाद ही उनका लंगर बन गए।

उनका प्रेम रक्त और नाम के सीमित दायरे में बँधा हुआ नहीं था। वह उदारतापूर्वक बहता था, उन लोगों को भी अपने घेरे में ले लेता था, जो प्रारंभ में हमारे जीवन में अपरिचित बनकर आए, पर नियति ने उन्हें हमारे परिवार की बुनावट में पिरो दिया। वे हमें अक्सर एक ओर बुलाते, उनकी आवाज़ कोमल फुसफुसाहट जैसी होती, पर उसमें युगों का गंभीर अनुभव समाया रहता। वे उपदेश नहीं देते थे; वे ऐसे बीज बोते थे, जो छोटे होते हुए भी अत्यंत

शक्तिशाली होते, और समय के साथ हमारे भीतर जड़ें जमाकर फलते-फूलते थे। उन्हीं में से एक वाक्य बार-बार गूँजता रहा, विशेषकर 2015 में होशंगाबाद प्रवास के दौरान। इतना सरल, फिर भी इतना गहरा कि वह हमारे जीवन का आधार बन गया:

हमेशा एक-दूसरे का सम्मान करो और एक-दूसरे पर विश्वास रखो।

यह केवल सलाह नहीं थी; यह एक पवित्र संकल्प था—ऐसी विरासत, जिसे उन्होंने केवल कहा नहीं, जिया भी। उन बारह दिनों में वे इसे प्रतिदिन दोहराते रहे, मानो इसे हमारी अस्थियों के मज्जा तक में उतार देना चाहते हों। उनका स्वप्न वैभव या संपत्ति का नहीं था। वे ऐसा जीवन चाहते थे जिसमें उनके बच्चे प्रेम और एकता में रहें, जहाँ घर की धुन हँसी हो और उसका आधार अडिग अपनापन।

उन्होंने कभी बदले में कुछ नहीं माँगा—न कोई सेवा, न कोई प्रतीक, यहाँ तक कि सुई की नोंक जितनी भी अपेक्षा नहीं। उनका संपूर्ण जीवन एक समर्पण था, एक ऐसी निःस्वार्थ तीर्थयात्रा, जो अपने प्रियजनों के सुख और सुविधा को समर्पित थी। यहाँ तक कि मौन में भी वे उदारता से झिलमिलाते रहते थे। उनका प्रत्येक कर्म एक ऐसे हृदय का प्रमाण था, जिसकी सीमा ही नहीं थी।

प्रेम की वह गर्मी: कोमलता की सरगम

सन् 2022 की तपती गर्मियों में, मैं अपनी शादी के बाद पहली बार रतीश और सौम्या के साथ मेरठ अपने माता-पिता के घर लौटी। हवा में गर्मी की गाढ़ी परत थी, पंखे पूरे प्रयत्न से घूम रहे थे, लेकिन पापा जी की चिंता अपने असुविधाजनक वातावरण के लिए नहीं थी—उनका मन रतीश के सुख-सुविधा पर टिका था।

वे जालीदार परदों के पीछे से झाँकते, कभी पुराने लकड़ी के खिड़की-दरवाज़ों से बाहर देखते, उनकी आँखें बरामदे, बिस्तर और घर के हर कोने में रतीश को ढूँढ़ती रहतीं—ठीक वैसे, जैसे कोई बच्चा अपने प्रिय मित्र की प्रतीक्षा करता है। उनकी यह चिंता किसी औपचारिकता से उपजी नहीं थी; यह प्रेम के इतने गहरे स्रोत से निकली थी कि उसमें पूरा सागर डूब सकता था।

और फिर उनकी हँसी! कितनी समृद्ध, कितनी ऊष्मा से भरी हुई, कितनी जीवनदायिनी। पापा जी पंजाबी हास्य के ऐसे साधक थे, जैसे कोई कलाकार अपने वाद्य को पूर्ण अधिकार से साधता है। उनकी आँखों में शरारत की चमक होती, आवाज़ में चंचल नाटकीयता, हम कई

बार उनकी बात का निष्कर्ष आने से पहले ही हँस पड़ते थे। उनकी हँसी धूप में उड़ते हुए धूपबत्ती के धुएँ जैसी थी—घर को भर देती, दीवारों पर ठहर जाती, और क्षण बीत जाने के बाद भी वातावरण को मधुर बनाए रखती।

कथाकार, संरक्षक, दादा

पापा जी केवल दादा नहीं थे; वे स्वप्नों के जुलाहे थे, कथाओं के संरक्षक थे। रात को सोने से पहले वे यशिका को चतुर सियारों, शेखचिल्ली की नासमझियों और बुद्धिमान बंदरों की कहानियाँ सुनाते थे। हर कहानी में नीति होती थी, हास्य होता था और एक ऐसा जीवनबोध होता था, जो सुनते-सुनते मन में बस जाता था। उनके स्वर में साधारण शब्दों को आजीवन चलने वाले खज़ानों में बदल देने की अद्‌त क्षमता थी।

मुझे 1994 का वर्ष याद है, जब पापा जी और मम्मी जी पहली बार मेरे कार्यस्थल पन्ना आए थे। उस समय यशिका केवल डेढ़ वर्ष की थी। तपती धूप में जब हम प्राचीन पत्थर के मंदिरों को देखने निकले, तो पापा जी ने पूरी यात्रा में उसे अपनी गोद में उठाए रखा। उनके कुर्ते की पीठ पसीने से भीग चुकी थी, बाँहें अवश्य थक गई होंगी, लेकिन उन्होंने उसे एक बार भी नीचे नहीं रखा, और न ही एक क्षण के लिए शिकायत की। यही वह प्रेम है, जिसे घोषणा की आवश्यकता नहीं होती—वह बस होता है।

वे सौम्या को 'नूतन' कहकर बुलाते थे, और जिस गर्मजोशी के साथ वे यह नाम लेते थे, वह आज भी एक कोमल स्पर्श की तरह महसूस होता है—मानो अपनत्व की कोई फुसफुसाती हुई प्रतिज्ञा हो। बच्चों के साथ उनके प्रत्येक संवाद में वे केवल दादा नहीं थे; वे गुणों के संरक्षक थे, जो पहेलियों, आशीर्वादों और अपने मौन उदाहरण के माध्यम से उनके हृदयों को आकार दे रहे थे।

अंतिम नृत्य: आत्माओं की एक सरगम

जून 2023 हमारे जीवन का एक अत्यंत उज्ज्वल अध्याय था, जब पूरा परिवार एक ही छत के नीचे एकत्रित हुआ। घर हँसी, संगीत और साझा आनंद की गूँज से भरा था। दीपा लखनऊ से अपना ब्लूटूथ स्पीकर लाई थीं, और हम सबने रात तक नृत्य किया। मम्मी जी की रसोई से घी से महकते पराठों और इलायची मिली चाय की सुगंध उठ रही थी, जबकि आँगन में पुराने गीत और पीढ़ियों की हँसी गूँज रही थी।

पापा जी, यद्यपि उनका सुनना कम हो गया था, फिर भी कुछ भी उनसे छूटता नहीं था। दीपा उनकी 'संजय' बन गई थीं—उनकी विश्वस्त कथाकार, उनके लिए संसार से जुड़ने का सेतु। वे पास बैठतीं, और बड़ी धैर्यपूर्वक हमारी बातें उन्हें दोहराकर सुनातीं। उस दृश्य में कुछ अत्यंत पवित्र था—यह केवल शब्दों को पहुँचाना नहीं था, बल्कि अर्थ, भावना और संबंध को उस दूरी के पार पहुँचाना था, जो समय और आयु ने खड़ी कर दी थी। पापा जी उन्हें जिस दृष्टि से देखते थे—पूर्ण विश्वास, मौन कृतज्ञता और प्रेम के साथ। वह उसी भक्ति की याद दिलाती थी, जो महाभारत के संजय और धृतराष्ट्र के बीच थी।

उनकी आँखें, जो वर्षों के कारण अब धुँधली हो चली थीं, पहचान की चमक से फिर उजली हो उठती थीं। उनके होंठों पर मुस्कान उभर आती थी, जिसमें केवल व्यक्तिगत प्रसन्नता ही नहीं, मानो युगों की संचित बुद्धि समाई हो। लगता था जैसे दीपा की इस सेवा के माध्यम से वे केवल उस क्षण को नहीं, बल्कि उससे परे किसी शाश्वत सत्य को भी देख पा रहे हों।

लेकिन वह क्षण, जिसने समय को सचमुच थाम लिया, जिसने इस सुंदर उपमा को भी पीछे छोड़ दिया—वह था, जब पापा जी और मम्मी जी ने उस पुराने मधुर गीत पर नृत्य किया:—

'तुम ही मेरी मंज़िल, तुम ही मेरी पूजा, तुम ही देवता हो।'

पूरा कमरा शांत हो गया। हमारी आँखें आँसुओं से धुँधली हो गईं। वह केवल नृत्य नहीं था—वह एक स्तुति थी, दो आत्माओं का ऐसा पवित्र मिलन, जिन्होंने जीवन के सभी तूफ़ान साथ-साथ झेले थे।

उनका शरीर भले दुर्बल हो गया था, पर आत्मा अब भी अजेय थी। उन्होंने कभी अपने संघर्षों को केंद्र नहीं बनाया, कभी अपनी सीमाओं को दूसरों की प्रसन्नता पर भारी नहीं होने दिया। यहाँ तक कि मौन में भी वे प्रकाशमान थे।

स्मृति की सुगंध

आज भी, जब मैं आँखें बंद करती हूँ, तो पापा जी के कमरे का टैल्कम पाउडर मुझे महकता हुआ महसूस होता है। अख़बार के पन्नों की वह कड़क सरसराहट सुनाई देती है। उनकी ऐनक, जो नाक के पुल पर थोड़ा टेढ़ी-सी टिकी रहती थी, आँखों के सामने आ जाती है। मैं आज भी अपने सिर पर उनके हाथ का भार महसूस कर सकती हूँ—एक आशीर्वाद, एक मौन सुरक्षा-वचन।

ये स्मृतियाँ अतीत के संग्रहालय में रखी हुई वस्तुएँ नहीं हैं; ये मेरे हृदय के बगीचे में आज भी खिले हुए पुष्प हैं। उनकी सुगंध कभी फीकी नहीं पड़ेगी। वही मेरा आश्रय हैं। वही मेरी शक्ति हैं। वही मेरा सदा-सर्वदा का धन हैं।

पापा जी थे, और हैं—हमारी आत्मा, हमारी साँस, हमारे जीवन का शाश्वत प्रकाशस्तंभ। और यद्यपि वे इस दृश्य जगत की ओट से परे चले गए हैं, उनका प्रकाश आज भी हमारा मार्ग आलोकित कर रहा है—अडिग, अविनाशी।

अध्याय 17

हमारे पूज्य पिताश्री को श्रद्धांजलि: एक महान व्यक्तित्व का जीवन

– कृष्णकांत

हमारे पिताश्री कोई साधारण व्यक्ति नहीं थे। वे एक ऐसे व्यक्तित्व थे, जिनके जीवन को सद्गुणों ने स्पर्श किया था—सिर्फ इसलिए नहीं कि वे हमारे पिता थे, बल्कि इसलिए कि उन्होंने अपना जीवन जिस प्रकार जिया, वह अत्यंत शांत, उद्देश्यपूर्ण और अडिग नैतिकता से परिपूर्ण था। उनके साथ बिताया हर क्षण, उन्हें जानने वालों द्वारा सुनाई गई हर कथा, और उनके प्रत्येक सिद्धांत। ये सब मिलकर एक ऐसे जीवन का चित्र प्रस्तुत करते हैं, जो सेवा, सादगी और आंतरिक शक्ति से ओतप्रोत था। उनका जीवन भव्य प्रदर्शनों या चकाचौंध भरी उपलब्धियों का संग्रह नहीं था, बल्कि यह एक ऐसी यात्रा थी, जो शांत समर्पण, निरंतर जिम्मेदारी और गहन कर्तव्यबोध से परिभाषित होती थी।

ऐसे लोग इस संसार में किसी विशेष उद्देश्य से आते हैं। वे यश, धन या शक्ति के पीछे नहीं भागते, वे जीवन के पथ पर विनम्रता से चलते हुए शाश्वत मूल्यों के संरक्षक बन जाते हैं। उनकी उपस्थिति बिना किसी आडंबर के अपने आसपास के लोगों को ऊपर उठाती है, और वे अपने शब्दों से नहीं, बल्कि अपने कर्मों से अमिट प्रभाव छोड़ जाते हैं। वे अपने कार्यों के माध्यम से सिखाते हैं, करुणा से नेतृत्व करते हैं और अपने पीछे संपत्ति नहीं, बल्कि ज्ञान की विरासत छोड़ जाते हैं। हमारे पिताश्री भी ऐसे ही थे। उनका संपूर्ण जीवन कठिन परिस्थितियों में भी गरिमा बनाए रखने, शांत शक्ति और अटूट कर्तव्यनिष्ठा का जीवंत उदाहरण था। यही वे मूल्य हैं, जो आज भी हमारे हृदय में अंकित हैं और उनके इस संसार से जाने के बाद भी हमारा मार्गदर्शन करते रहते हैं।

यद्यपि मैं स्वयं को सीमित समझ वाला व्यक्ति मानता हूँ और उनकी महानता को पूर्ण रूप से शब्दों में व्यक्त करने की योग्यता नहीं रखता, फिर भी यह मेरा विनम्र प्रयास है। यह केवल श्रद्धांजलि नहीं, बल्कि उस महान जीवन का उत्सव है, जिसकी छाया आज भी हमारे जीवन को दिशा देती है।

अनुशासन: उनके जीवन का मौन आधार

अनुशासन उनके लिए केवल एक अभ्यास नहीं था—वह उनके अस्तित्व का हिस्सा था। सुबह आँख खुलते ही उनका दिन एक निश्चित लय में प्रवाहित होता था, जो उनके जीवन में व्यवस्था, शांति और उद्देश्य का संचार करता था। उनके लिए अनुशासन केवल समय का पालन करना नहीं था, बल्कि जीवन के प्रत्येक पक्ष में सजगता और ईमानदारी के साथ जीना था।

वे प्रातःकाल, अक्सर पक्षियों के चहचहाने से भी पहले उठ जाते थे और अपने दिन की शुरुआत शांत प्रार्थना और योग-सदृश व्यायाम से करते थे। उनके लिए शरीर केवल एक देह नहीं, बल्कि आत्मा का निवास था, जिसकी देखभाल अत्यंत आवश्यक थी। यह केवल शारीरिक स्वास्थ्य का विषय नहीं था, बल्कि मन और आत्मा के संतुलन का आधार था।

स्नान के पश्चात वे मंदिर में दीप जलाते और शांत बैठकर मंत्रों का जप करते। यह कोई दिखावे का अनुष्ठान नहीं था, बल्कि उनके अंतर्मन से उठती हुई एक सच्ची पुकार थी—जैसे वे अपने हृदय में बसे किसी प्रिय और आत्मीय से संवाद कर रहे हों। यह उनकी दिनचर्या का वह भाग था, जो उन्हें स्थिरता और स्पष्टता प्रदान करता था।

भोजन, कार्य, घरेलू जिम्मेदारियाँ और विश्राम—हर चीज़ का उनके जीवन में एक निश्चित समय और स्थान था। वे न कभी जल्दबाज़ी करते थे और न ही कार्यों को टालते थे। वे कहा करते थे, 'समय बहते हुए जल के समान है—एक बार निकल गया तो वापस नहीं आता। इसे छूओ, इसे आकार दो, और जब तक यह तुम्हारे पास है, इससे अपने जीवन को सिंचित करो।' यही उनके जीवन का सार था—वर्तमान में पूर्ण रूप से जीना और प्रत्येक क्षण का सदुपयोग करना।

कर्तव्य का जीवन: मौन शक्ति के साथ निभाया गया धर्म

यदि अनुशासन उनके जीवन का आधार था, तो कर्तव्य उसका मार्गदर्शक था। वे केवल हमारे ही नहीं, बल्कि पूरे परिवार, रिश्तेदारों, पड़ोसियों और मित्रों के लिए एक स्तंभ थे। एक पुत्र के

रूप में उन्होंने कभी अपने दायित्वों से मुँह नहीं मोड़ा। एक भाई के रूप में वे सदैव सहारा बने रहे। एक पति के रूप में उन्होंने स्नेह, सम्मान और गहन साथ निभाया। और एक पिता के रूप में वे हमारे रक्षक, शिक्षक और नैतिक मार्गदर्शक थे।

उनका कर्तव्यबोध कभी शब्दों में व्यक्त नहीं हुआ; वह उनके दैनिक जीवन में झलकता था। उन्होंने अपने उत्तरदायित्वों को सदैव विनम्रता और गरिमा के साथ निभाया, कभी प्रशंसा या मान्यता की अपेक्षा नहीं की। कठिन से कठिन समय में भी उन्होंने अपनी मुस्कान को फीका नहीं पड़ने दिया। जब परिस्थितियाँ चुनौतीपूर्ण थीं और जिम्मेदारियों का भार असहनीय प्रतीत होता था, तब भी उन्होंने सब कुछ शांत भाव से सहा।

उनके त्याग कभी कहे नहीं गए, लेकिन समय के साथ हम उन्हें और गहराई से समझने लगे। आज हमारे जीवन की प्रत्येक उपलब्धि उस मजबूत नींव पर खड़ी है, जिसे उन्होंने अपने संघर्ष और समर्पण से तैयार किया।

उनके उपदेश: सरल शब्दों में जीवन का सार

हमारे पिताश्री बहुत अधिक नहीं बोलते थे, लेकिन जब भी बोलते थे, उनके शब्द हृदय में बस जाते थे। उनके सिद्धांत केवल नियम नहीं थे—वे उनके जीवन का सार थे। वे समय की पाबंदी, संतोष, आत्मसंयम, मौन, सत्य और कर्तव्य की महत्ता सिखाते थे। वे कहते थे कि इच्छाएँ अनंत हैं, पर शांति संतोष में है; कि मन को अपना सेवक बनाओ, स्वामी नहीं; कि दूसरों को परखने से पहले स्वयं को सुधारो; और कि जीवन का वास्तविक आधार प्रेम, विश्वास, धैर्य और क्षमा है।

उनके शब्द कम थे, परंतु उनमें जीवन का संपूर्ण दर्शन समाहित था।

एक स्मृति: हिमालय में उनका धैर्य

मुझे वह सर्दीआज भी याद है, जब हम लैंसडाउन गए थे। चारों आरे बर्फ थी, ठंड असहनीय थी, और तीन दिन तक मैं स्नान भी नहीं कर पाया। लेकिन उस कठिन परिस्थिति में भी मेरे पिताश्री शांत आरै संतुलित बने रहे। उनकी सेवानिवृत्ति का समय था, उनके सहयोगी उन्हें विदा कर रहे थे। कई लोगों की आँखों में आँसू थे। उस क्षण मैंने उनके व्यक्तित्व को और गहराई से समझा—कठिनाई में अडिग, विदाई में विनम्र, और हर परिस्थिति में गरिमामय।

एक जीवन: एक चलती हुई फिल्म

मेरे पिताश्री का जीवन एक लंबी, मौन फिल्म की तरह था—जिसमें हर दृश्य अर्थपूर्ण था। फिल्म भले समाप्त हो गई हो, लेकिन उसके दृश्य आज भी हमारे हृदय में जीवित हैं। उन्होंने

कभी प्रसिद्धि नहीं चाही, लेकिन उनके प्रत्येक कर्म ने उन्हें महान बना दिया। उनका जीवन हमें यह सिखाता है कि सच्ची सफलता धैर्य, चरित्र और सच्चाई में निहित होती है।

पिता को समर्पित

आपकी स्मृति कोई बोझ नहीं, बल्कि वह हवा है जो हमें हर द्वार पार करवाती है। आपकी मौन शक्ति आज भी हमारा मार्गप्रकाशित करती है। आपकी शिक्षाएँ हमारे हर निर्णय में झलकती हैं। आपका प्रेम शांत, गहरा और सच्चा था—प्रातःकाल की रोशनी और संध्या की ओस के समान। आपने हमें धन नहीं दिया, बल्कि मजबूत हृदय और सशक्त हाथ दिए। आपकी विरासत शोरगुल में नहीं, बल्कि पत्थर पर उकेरी हुई अमिट सच्चाई है।

इस श्रद्धांजलि में हम केवल अपने पिता को नहीं, बल्कि उनके द्वारा जिए गए जीवन और उनके मूल्यों को स्मरण करते हैं। उनकी स्मृति आज भी हमें दिशा देती है और हमें उनके आदर्शोंको आगे बढ़ाने की प्रेरणा देती है।

मेरे पिता से सीखे जीवन के पाठ: छोटे-छोटे कर्मोंऔर शाश्वत ज्ञान की एक सरगम

– कृष्णकांत

मेरे पिता के साथ बिताया हर क्षण सादगी और समर्पण में लिपटा हुआ एक पाठ था। उनका जीवन एक सुंदर सरगम की भाँति था—ज्ञान और सत्यनिष्ठा के छोटे-छोटे कार्योंकी ऐसी शंखला, जिसने समय के साथ हमारे जीवन की समझ की नींव तैयार की। उनके हर शब्द, हर कर्मऔर हर आदत एक मौन प्रवचन थी—एक ऐसे व्यक्ति का प्रतिबिंब, जिसने अपने हृदय से जीवन जिया और अथक परिश्रम करते हुए हममें वे मूल्य रोपित किए, जिन्होंने हमें आज जो हम हैं, वह बनाया।

हमने उनसे छोटी से छोटी वस्तु का मूल्य समझना सीखा—एक पिन, एक कागज़ का टुकड़ा, एक रुपया। हर वस्तु का अपना स्थान और उद्देश्य था। उन्होंने सिखाया कि न तो धन गर्वका कारण होना चाहिए और न ही उसका अभाव शर्मका। महत्वपूर्णकेवल संतोष, गरिमा और अनुशासनहै।

सीमित आय होने के बावजूद उन्होंने हमारी हर आवश्यकता पूरी की। मुझे वह समय याद है जब उन्होंने मेरे क्रिकेट के शौक को प्रोत्साहित करने के लिए 'क्रिकेट सम्राट' पत्रिका

दिलाई। वह केवल एक पत्रिका नहीं थी—वह उनके साथ बिताया गया समय था, वह संवाद था, वह स्नेह था।

1983 की गर्मियों में उन्होंने मुझे 'क्रिकेट एनसाइक्लोपीडिया' दी, और 'नंदन' पत्रिका की सदस्यता दिलाई, जिसने हमारी कल्पनाओं को विस्तार दिया। हम घंटों पहेलियाँ हल करते और छोटी-छोटी सफलताओं में भी अपार आनंद अनुभव करते।

वे हमारी बौद्धिक प्रगति के प्रति भी अत्यंत सजग थे। वे हर महीने विभिन्न पत्रिकाएँ लाते और हमें पढ़ने, समझने और चर्चाकरने के लिए प्रेरित करते। इस आदत ने हमारे भीतर ज्ञान के प्रति रुचि और अनुशासन विकसित किया।

मुझे वह समय भी याद है जब उन्होंने सीमित वेतन में भी हमारे लिए साइकिल खरीदी और मुझे स्वयं स्कूल छोड़ने जाते रहे। उन्होंने अपनी बचत से एक छोटा सा टीवी खरीदा, जो हमारे लिए केवल मनोरंजन नहीं, बल्कि परिवार के साथ बिताए गए अनमोल क्षणों का माध्यम था।

उन्होंने कभी हमें हमारी शिक्षा का बोझ महसूस नहीं होने दिया। हर शुल्क, हर यात्रा, हर आवश्यकता—उन्होंने बिना किसी शिकायत के पूरी की। उनके चेहरे पर कभी तनाव नहीं दिखता था। उनका जीवन पूरी तरह हमारे भविष्य को समर्पित था।

उनका स्नेह केवल सुविधाओं तक सीमित नहीं था। वे हमें तीर्थोंऔर ऐतिहासिक स्थलों पर लेकर जाते, उनके महत्व को समझाते और हमारे भीतर संस्कारों की नींव मजबूत करते।

उनका साहस भी अद्‌त था। कठिन परिस्थितियों में भी उन्होंने कभी भय को हम तक पहुँचने नहीं दिया। उनकी भक्ति, उनका अनुशासन और उनका त्याग—ये सब उनके जीवन के स्तंभ थे।

आज जब मैं पीछे मुड़कर देखता हूँ, तो स्पष्ट होता है कि उन्होंने हमें केवल जीवन जीना नहीं सिखाया, बल्कि जीवन को समझना सिखाया।

उनकी शिक्षाएँ—सम्मान, विनम्रता, अनुशासन और सत्यनिष्ठा ही उनकी सच्ची विरासत हैं। उनका जीवन एक सरगम की तरह है, जो आज भी हमारे भीतर गूंज रही है और आगे भी हमारे मार्गको प्रकाशित करती रहेगी।

अध्याय 18

मेरी स्मृतियाँ – वह ऋण जो जन्मों से भी परे है

– आशुतोष गर्गकी कलम से

मेरी स्मृतियों के उस पवित्र प्रांगण में, जहाँ समय स्वयं ठहरकर अतीत के चरणों में प्रणाम करता है, कुछ क्षण ऐसे हैं जो दीपक की अखंड लौ की तरह आज भी जल रहे हैं—न कभी डगमगाते, न कभी बुझते। उन सभी स्मृतियों के केंद्र में एक ही छवि है—पापा जी। वे केवल मेरे पिता नहीं थे; वे मेरे रक्षक थे, मेरे मौन साधक थे, मेरे भीतर बसे उस ईश्वर का सजीव रूप थे, जिसने बिना किसी घोषणा के, बिना किसी अपेक्षा के, मेरे हर दुख को अपने भीतर समेट लिया। उनके प्रेम में कोई आडंबर नहीं था, कोई प्रदर्शन नहीं था—वह एक शांत नदी की तरह था, जो चुपचाप बहती है, पर अपने स्पर्शसे जीवन दे जाती है।

बचपन में जब मेरी साँसें ही मेरे विरुद्ध हो जाया करती थीं, जब अस्थमा का वह अदृश्य बंधन मेरी छाती को इस प्रकार जकड़ लेता था जैसे किसी ने भीतर ही भीतर मेरी साँसों पर पहरा बैठा दिया हो, तब पापा जी मेरे पास बैठ जाते थे। रात दर रात, बिना सोए, बिना थके, बिना किसी शिकायत के। उनके हाथ मेरे सीने और पीठ पर ऐसे फिरते थे जैसे कोई साधु अपनी तपती हुई धूनी को संतुलित कर रहा हो। वे धीरे-धीरे सहलाते रहते—जब तक कि मेरी टूटी हुई साँसें फिर से लय में न आ जाएँ, जब तक कि मेरे फेफड़ों का वह संघर्ष शांत न हो जाए, और जब तक कि मेरी आँखें भारी होकर नींद की गोद में न चली जाएँ। उस समय अक्सर मुझे लगता था कि वे केवल मुझे सहला नहीं रहे, बल्कि अपनी ही साँसें मेरे भीतर स्थानांतरित कर रहे हैं—हर स्पर्श में एक मौन प्रार्थना थी, हर उँगली में एक अदृश्य मंत्र था। आज जब मैं उस समय को याद करता हूँ, तो भीतर से एक प्रश्न उठता है—आज की दुनिया में कौन ऐसा करता है? कौन अपनी नींद, अपना आराम, अपना शरीर सब कुछ त्यागकर केवल अपने बच्चे की साँसों के लिए जागता है?

मुझे आज भी वे कड़ाके की ठंड वाली जनवरी की सुबहें याद हैं, जब पाँच बजे का समय होता था और ठंड इतनी गहरी होती थी कि साँस भी धुंध बनकर बाहर आती थी। उस समय पापा जी मुझे अपनी शाल में इस प्रकार लपेट लेते थे जैसे कोई माँ अपने बच्चे को आँचल में छिपा लेती है। फिर वे अपनी पुरानी 24 इंच की साइकिल निकालते—जिसके टायर घिस चुके थे, जिसका ढाँचा समय के बोझ से थक चुका था—पर मेरे लिए वह साइकिल किसी साधारण साधन से अधिक थी; वह मेरा रथ थी, मेरा राजसिंहासन थी। उस रथ पर बैठाकर वे मुझे उस ठिठुरती ठंड में दिल्ली के बस स्टैंड तक ले जाते, मेरे इंटरव्यू के लिए। हर ठंडी हवा का झोंका उनके चेहरे को चीरता था, पर उन्होंने कभी उसकी परवाह नहीं की। उनके लिए वह ठंड नहीं थी—उनके लिए केवल मेरा भविष्य था, और उस भविष्य तक पहुँचाने का उनका संकल्प था।

जब मुझे आगरा में मेरी पहली नौकरी मिली, तब भी उनका प्रेम उसी गहराई से मेरे साथ बना रहा। मैं हर सप्ताह मेरठ आता और फिर वापस लौटता, और मेरी बस रात नौ बजे की होती थी। पर पापा जीष्ठ वे उस बस के समय से घंटों पहले ही बस स्टैंड पहुँच जाते थे। वे स्वयं यात्रा करने नहीं जाते थे—वे मेरे लिए एक संसार सुरक्षित करने जाते थे। वे चुपचाप जाकर ड्राइवर के पीछे वाली सीट पर बैठ जाते, क्योंकि उन्हें याद था कि मुझे वही सीट पसंद है। उन्होंने केवल एक सीट नहीं बचाई थी—उन्होंने मेरी सुविधा, मेरी छोटी-सी पसंद, मेरी मुस्कान को सुरक्षित रखा था। वे उस सीट को ऐसे सँभालते थे जैसे कोई अपने मंदिर के सिंहासन को सँभालता है। आज जब मैं इस स्मृति को याद करता हूँ, तो मेरे भीतर एक गहरा प्रश्न उठता है—कौन करता है इतना? कौन किसी की एक छोटी-सी इच्छा को इतनी श्रद्धा से अपने जीवन का हिस्सा बना लेता है?

उनका हर कार्य एक मौन कविता था—ऐसी कविता, जिसमें शब्द नहीं थे, पर भाव इतने गहरे थे कि हृदय को भीतर तक भेद दें। उन्होंने कभी प्रेम को शब्दों में नहीं कहा; उन्होंने उसे अपने जीवन के प्रत्येक कर्म में जिया। उनका प्रेम बोलता नहीं था, वह गूँजता था—हर त्याग में, हर जागी हुई रात में, हर छोटी-सी चिंता में। उन्होंने मेरे लिए भगवान से प्रार्थनाएँ कीं, पर आज मुझे लगता है कि मुझे सबसे अधिक जिसने ठीक किया, वह उनकी प्रार्थना नहीं, उनका प्रेम था। उन्होंने व्रत रखे—धन या सफलता के लिए नहीं, बल्कि मेरी साँसों के लिए। उन्होंने दान दिया—पुण्य कमाने के लिए नहीं, बल्कि जैसे ईश्वर से एक विनम्र विनती कर रहे हों, 'मेरे पुण्य ले लो, मेरे बेटे को स्वास्थ्य दे दो।'

जब मैं उनके कार्यालय जाता था, तो वे चाय वाले को विशेष रूप से कहते—'केवल शुद्ध दूध से बनाना।' वह चाय नहीं होती थी, वह एक अर्पण होता था, एक ऐसा भाव, जिसमें उनके

प्रेम की पवित्रता झलकती थी। और मैंष्ठ मैंने क्या किया उनके लिए? कभी-कभी मैं छोटी-छोटी बातों पर क्रोधित हो जाता था, अपनी अपरिपक्वता में, अपने अहंकार में। पर उन्होंने कभी मेरे क्रोध को क्रोध से उत्तर नहीं दिया। वे मुस्कुराए, धीरे से बोले—उनकी वह मुस्कान किसी हिमनदी की तरह थी, जो मेरे भीतर उठते ज्वालामुखी को शांत कर देती थी। वे एक समुद्र थे—जो हर तूफान को अपने भीतर समेट लेता है, बिना एक लहर उठाए।

आज जब मैं यह सब लिख रहा हूँ, तो मेरी आँखों से आँसू बहते हैं—सिर्फ़ उनके जाने के लिए नहीं, बल्कि अपने लिए। उस हर क्षण के लिए, जब मैं उन्हें पूरी तरह समझ नहीं पाया, जब मैं उनका धन्यवाद नहीं कर पाया। आज यदि कोई मुझे समस्त संसार का वैभव दे दे, तो भी मैं उसे छोड़कर केवल एक पल के लिए अतीत में लौट जाना चाहूँगा—उनका हाथ पकड़ने के लिए, उनसे 'माफ़ कर दीजिए' कहने के लिए, उनसे 'धन्यवाद' कहने के लिए। यह कैसा ऋण है, जो मैं अपने हृदय में लेकर जी रहा हूँ? यदि मैं सात जन्म भी ले लूँ, और हर जन्म में उनकी सेवा करूँ, तो भी मैं उनके एक व्रत का मूल्य नहीं चुका सकता, उनकी एक जागी हुई रात का मूल्य नहीं चुका सकता।

पापा जी का प्रेम इस संसार का नहीं था। वह एक दिव्य गंगा की तरह था, जो समय के कठिन, पथरीले मार्गों से बहती हुई मुझे सींचती रही, मुझे जीवन देती रही। और आज, जब मैं उनकी स्मृतियों की छाया में खड़ा हूँ, तो मुझे यह सत्य स्पष्ट दिखाई देता है—वे केवल मेरे पिता नहीं थे। वे ईश्वर की सबसे सजीव, सबसे निकट अभिव्यक्ति थे, जो इस धरती पर मेरे लिए आए थेष्ठ और अब भी, हर साँस में, हर स्मृति में, मेरे साथ हैं।

अध्याय 19

एक पावन विदाई (2022–2024)

जब पूरा संसार COVID-19 की भयावह छाया में सिमट गया था, जब जीवन अपने ही घरों में रहते हुए भी अनजाना-सा लगने लगा था, तब मैं भी एक भटका हुआ पथिक बन गया था। वर्ष 2020 से 2021 तक का वह समय मेरे लिए किसी सूने मरुस्थल जैसा था—चारों ओर जीवन था, पर उसमें अपनापन नहीं; आवाज़ें थीं, पर उनमें वह ऊष्मा नहीं थी, जो केवल एक पिता के सान्निध्य से मिलती है। मैं दूर था—सिर्फ़ दूरी में नहीं, बल्कि उस स्नेह से भी, जो मेरे जीवन का सबसे बड़ा सहारा था।

फिर 1 जनवरी 2022 का वह दिन आया, जैसे नियति ने अपने हाथों से मेरे लिए एक दीप प्रज्वलित कर दिया हो। मैं मेरठ पहुँचा, और पापा जी के चरणों के पास बैठते ही ऐसा लगा मानो वर्षों से सूखा पड़ा मेरा मन अचानक सावन की पहली वर्षा में भीग गया हो। वह मिलन केवल एक मुलाक़ात नहीं था—वह आत्मा का अपने स्रोत से पुनर्मिलन था। उन इक्कीस दिनों में मैंने समय को नहीं जिया, बल्कि समय ने मुझे जिया। हर क्षण में पापा जी का प्रेम मेरे ऊपर ऐसे बरसता रहा, जैसे ईश्वर स्वयं अपने आशीष मुझ पर उँडेल रहे हों।

हर शाम एक अनुष्ठान बन जाती थी। पापा जी मेरे पास आकर बैठते, धीरे-धीरे मेरे सिर पर हाथ फेरते। उनकी उँगलियाँ किसी शांत नदी की तरह थीं, जो थके हुए मन की कठोरता को सहलाकर उसे कोमल बना देती हैं। वह स्पर्श केवल स्पर्श नहीं था—वह एक मौन प्रार्थना थी, एक ऐसा मंत्र था जिसमें वर्षों का स्नेह, त्याग और आशीर्वाद समाहित था। उस समय मैं भूल जाता था कि मैं पचास वर्ष का हो चुका हूँ। मैं फिर से वही छोटा बच्चा बन जाता था, जो अपने पिता की गोद में निश्चिंत होकर सो जाता है। और उसी क्षण मेरे भीतर एक प्रश्न उठता—अब ऐसा प्रेम कौन देगा? कौन एक पचास वर्ष के बच्चे को भी उसी मासूमियत से सहलाएगा? कौन मेरे भीतर के इस बच्चे को पहचान पाएगा?

पापा जी की कहानियाँ उस समय मेरे लिए अमृतधारा बन गई थीं। वे केवल घटनाएँ नहीं सुनाते थे, वे जीवन का सार सुनाते थे। उनके हर शब्द में अनुभव की गहराई थी, हर विराम में एक मौन शिक्षा थी। वे मुझे वैसे ही सुनाते थे, जैसे मैं आज भी उनका छोटा-सा बेटा हूँ। मैं उन्हें सुनता था और भीतर एक अनोखी शांति अनुभव करता था, पर उसी शांति के साथ एक टीस भी उठती थी—अब ऐसा कौन होगा, जो मुझे इस तरह समझेगा, इस तरह संभालेगा?

मई 2022 में मैंने पापा जी को अमेरिका ले जाने के लिए वीज़ा का अपॉइंटमेंट लिया। जब तारीख मिली, तो पता चला कि वह अठारह महीने आगे की है—18 जून 2024, उस समय यह केवल एक औपचारिक प्रक्रिया लगी, पर आज सोचता हूँ तो लगता है कि वह तारीख केवल एक संयोग नहीं थी, बल्कि किसी अदृश्य योजना का हिस्सा थी। कौन जानता था कि उस यूएसए वीज़ा साक्षात्कार की तिथि से भी पहले पापा जी अपने मोक्ष के मार्ग का समय स्वयं निर्धारित कर चुके थे।

धीरे-धीरे समय ने करवट ली और फिर पापा जी को बुखार आने लगे। पहले हल्का-हल्का, फिर बार-बार। जैसे कोई अनदेखा संकेत, जो आने वाले तूफ़ान की आहट दे रहा हो। हम समझना नहीं चाहते थे, पर भीतर कहीं एक डर जन्म लेने लगा था। संक्रमण बढ़ने लगे—वे केवल शारीरिक पीड़ा नहीं थे, वे जैसे नियति की धीमी फुसफुसाहट थे, जो हमें किसी अनकहे सत्य के लिए तैयार कर रही थी।

फिर आया अक्टूबर 2022—एक ऐसा समय, जिसे मैं कभी भूल नहीं सकता। 'लिवर सिरोसिसष्ठ' जब यह शब्द सुना, तो ऐसा लगा जैसे शांत आकाश में अचानक बिजली गिर पड़ी हो। सब कुछ एक पल में बदल गया।

पर जो सबसे अद्‌त था, वह यह कि पापा जी का आत्मबल तनिक भी नहीं डगमगाया। शरीर भले ही कमजोर हो रहा था, पर आत्मा अडिग खड़ी थी। पापा जी मुस्कुराते रहे, हँसते रहे, प्रार्थना करते रहे। उन्होंने कभी अपनी बीमारी को अपनी पहचान नहीं बनने दिया। वे ऐसे थे जैसे प्रचंड आँधी में भी जलता हुआ दीपक—डगमगाता हुआ, पर बुझने से इनकार करता हुआ।

धीरे-धीरे पापा जी ने बाहर जाना कम कर दिया, सामाजिक कार्यक्रमों से दूरी बना ली, पर उनके भीतर का प्रकाश कभी कम नहीं हुआ। जब भी मैं उनसे अमेरिका की बात करता, उनके चेहरे पर एक बालक जैसी चमक आ जाती। एक दिन उन्होंने बहुत सरलता से पूछा—'मुझे कब ले जाओगे?' मैंने कहा—'जल्द ही, पापा जी' वे मुस्कुराए और बोले—'हम तो

तैयार बैठे हैं, अभी ले चलो' उस क्षण उनकी आवाज़ में एक बच्चे की निष्कलुषता और एक संत का अटूट विश्वास एक साथ था।

आज जब मैं उन क्षणों को याद करता हूँ, तो मेरे भीतर बार-बार वही प्रश्न गूँजता है—अब ऐसा कौन होगा, जो बिना थके, बिना रुके, अपने बड़े हो चुके बच्चे को भी उसी प्रेम से सहलाएगा? कौन होगा, जो जीवन की संध्या में भी अपने स्नेह का सूर्य बनकर अपने परिवार को आलोकित करता रहेगा? शायद ऐसा प्रेम जीवन में केवल एक बार मिलता है—पिता के रूप में, ईश्वर के सबसे अनमोल और दुर्लभ उपहार के रूप में।

वह दिव्य संगम—जून 2023 जहाँ प्रेम अमर हो गया

वह महीना, जिसे केवल तिथि और वर्ष में बाँध देना उसके साथ अन्याय होगा। वह समय का वह मोड़ था, जहाँ भाग्य ने स्वयं अपनी रेखाएँ बदल दी थीं। ऐसा प्रतीत होता था मानो आकाश ने किसी अनसुनी वाणी में आदेश दिया हो—'अब समय है, सबको एकत्र होने दो' और फिर जैसे नियति की हर डोर स्वयं बुनने लगी। दूर-दूर बसे बच्चे, अपने-अपने जीवन, अपने-अपने दायित्वों में उलझे हुए, अचानक एक ही दिशा में खिंचने लगे—जैसे बिखरे हुए तारे अपने सूर्य के चारों ओर पुनः एकत्र हो रहे हों।

यह कोई साधारण निर्णय नहीं था कि सब मिलेंगे। यह निर्णय नहीं, बुलावा था—एक अदृश्य आह्वान, जो सीधे हृदय तक पहुँचा था। उस बुलावे का केंद्र थे—पापा जी!

वह घर, जिसने जीवन के संघर्षों की धूप भी देखी थी और संतोष की छाँव भी, उस दिन कुछ अलग लग रहा था। दीवारें जैसे साँस ले रही थीं, आँगन जैसे प्रतीक्षा में था, और हवा में एक ऐसी शांति थी, जो केवल किसी पवित्र घटना से पहले उतरती है। जब एक-एक करके सब उस घर में पहुँचे, तो ऐसा लगा जैसे वर्षों से बिछड़ा हुआ कोई संगीत फिर से पूर्ण हो गया हो।

बच्चों के लिए, विशेषकर आशुतोष के चारों नन्हे बच्चों के लिए, यह कोई सामान्य यात्रा नहीं थी। यह उनकी पहली आध्यात्मिक अनुभूति थी, उनकी आत्मा का पहला साक्षात्कार उस प्रेम से, जिसे शब्दों में नहीं बाँधा जा सकता। वे चार वर्षों बाद भारत आए थे, पर जो उन्हें मिला, वह केवल देश नहीं था—वह घर था, और घर भी केवल दीवारों का नहीं, बल्कि दादा जी की बाहों का।

जब वे दादा जी से लिपटे, तो वह आलिंगन किसी ऊनी शाल की तरह नहीं, बल्कि आत्मा को ढँक लेने वाली एक दिव्य ऊष्मा था। उसमें सुरक्षा थी, उसमें अपनापन था, उसमें वह प्रेम था, जो बिना शर्त होता है, बिना अपेक्षा होता है।

दादा जी, शरीर से भले ही समय की छाप लिए हुए थे, पर उनकी आत्मा आज भी उसी निर्मल गंगा की तरह बह रही थी—निरंतर, पवित्र, जीवनदायिनी। उनका प्रेम किसी नदी की धारा नहीं था, वह तो स्वयं गंगा था—जिसमें डूबकर हर थकान, हर दूरी, हर कमी धुल जाती थी।

वे बच्चों को देखते, तो उनकी आँखों में केवल वर्तमान नहीं, अतीत और भविष्य दोनों झलकते थे। उनकी मुस्कान ऐसी थी, जो पत्थर को भी पिघला दे—जब बच्चे हँसते, तो उनका हृदय ऐसे खिल उठता जैसे कीचड़ में भी कमल खिल जाता है।

वे बच्चों के लिए चीज़ें लाते—खिलौने, फल, मिठाइयाँ। वह देना केवल देना नहीं था, वह पूजा थी। हर वस्तु, हर छोटी-सी चीज़, जैसे उनकी मासूमियत के चरणों में अर्पित एक पुष्प थी। वे उनके साथ खेलते—लूडो, कैरम, क्रिकेट। यह खेल नहीं थे, यह उनके जीवन के उन पलों को फिर से जीने का माध्यम था, जो शायद समय के साथ कहीं पीछे छूट गए थे। जब वे हँसते, तो वह हँसी केवल ध्वनि नहीं थी—वह मंदिर की घंटी थी, जो पूरे घर में गूँजती थी, और उस गूँज में एक अदृश्य शांति उतर आती थी।

उन बच्चों के लिए, दादा जी केवल एक व्यक्ति नहीं थे—वे एक संसार थे, एक ऐसा संसार, जिसमें कोई अभाव नहीं था, कोई दूरी नहीं थी, केवल प्रेम था।

उनमें से सबसे छोटा, विलोहितष्ठ वह जैसे उस प्रेम का सबसे निर्मल प्रतिबिंब था। वह दौड़कर आता, दादा जी के गालों को चूमता, उनके पसीने से भीगे चेहरे को अपने छोटे हाथों से सहलाता, और उनके बालों में अपनी उँगलियाँ फिराता। उसके वह छोटे-छोटे हाथ, जैसे किसी पुराने बरगद के पेड़ पर बहती हवा हों—धीरे, कोमल, पर जीवन से भरे हुए। उस एक स्पर्श में जैसे प्रेम का पूरा दर्शन समाया हुआ था—निःस्वार्थ, मौन, और पवित्र।

आश्चर्य की बात यह थी कि उन बच्चों ने कभी शिकायत नहीं की। न गर्मी की, न बिजली के जाने की, न उस अव्यवस्था की, जो भारतीय गर्मियों का हिस्सा होती है। वे किसी और ही रस में डूबे हुए थे—उस प्रेम के अमृत में, जो उन्हें दादा जी और दादी जी से मिल रहा था। वह प्रेम उन्हें ऐसे ढँक रहा था, जैसे किसी योगी के मस्तक पर लगा पवित्र भस्म—शांत, शीतल, और दिव्य।

हर सुबह एक अनुष्ठान बन गई थी। अगरबत्ती की सुगंध हवा में ऐसे फैलती, जैसे देवताओं के आशीर्वाद धरती पर उतर आए हों। दादा जी का मुस्कुराता चेहरा, उनकी आँखों की चमक, और फिर चाय के वे घूँट—जो केवल चाय नहीं थे, बल्कि एक पवित्र प्रसाद थे—इन सबने

मिलकर हर सुबह को एक आध्यात्मिक अनुभव बना दिया था। तीन पीढ़ियाँ एक साथ बैठतीं, हँसतीं, बातें करतीं, और समय जैसे उनके बीच बैठकर स्वयं को भूल जाता।

बच्चे उनसे प्रश्न करते—पुराने नाम, रिश्ते, घटनाएँ। जैसे वे उनकी स्मृति के सागर की गहराई को परख रहे हों। और दादा जीष्ठ हर प्रश्न का उत्तर ऐसे देते, जैसे कोई साधु अपने जपमाला के मनकों को एक-एक कर स्पर्श करता है। उनकी आँखों में एक चमक होती, जैसे हर कहानी उनके भीतर अभी भी जीवित हो।

पर समय, वह तो निरंतर बहने वाली धारा है। वह रुकता नहीं।

और फिर आया वह दिन, जब विदाई का क्षण सामने खड़ा था।

घर का वातावरण बदल गया। वही दीवारें, जो हँसी से गूँज रही थीं, अब मौन हो गईं। हवा भारी हो गई—जैसे उसमें अनकहे शब्द तैर रहे हों।

तब बच्चों ने कुछ ऐसा किया, जो समय से भी बड़ा हो गया। उन्होंने अपने हाथों को रंगों में डुबोया—लाल, पीला, हरा, नीला। एक सफेद कागज़ पर अपनी हथेलियों की छाप छोड़ दी। वह केवल रंग नहीं थे—वह एक परिवार की आत्मा थी, एक ऐसा वृक्ष, जिसकी जड़ें प्रेम में थीं और शाखाएँ पीढ़ियों में फैली हुई थीं।

जब वह चित्र दादा जी के सामने रखा गया, तो उनकी आँखें भर आईं। आँसू छलकना चाहते थे, पर जैसे ठहर गए—उस क्षण की गरिमा को बनाए रखने के लिए।

फिर पारितोष खड़ा हुआष्ठ उसकी आवाज़ काँप रही थी, आँखें भीगी हुई थीं। उसने जो कहा, वह केवल शब्द नहीं थे—वह एक अनुभूति थी। उसने कहा, 'इतने कम समय में हमने इतना प्रेम पाया, इतना पूर्ण, इतना गहरा, शायद माता-पिता भी इतना नहीं दे पाते। ऐसा लगा जैसे हमने भगवान को छू लिया, दादा जी की हँसी में, और दादी जी की शांति में।'

उस क्षण समय भी जैसे रुक गया।

कोई बोला नहीं।

कोई हिला नहीं।

केवल हृदय धड़क रहे थे—धीरे, भारी, और भावों से भरे हुए।

फिर वह अंतिम तस्वीर ली गई। कोई सजावट नहीं, कोई बनावट नहीं—सिर्फ़ सच्चाई। दादा जी अपने साधारण वस्त्रों में बैठे थे, पर उनके चेहरे पर जो तेज था, वह किसी राजा के

मुकुट से कम नहीं था। उनके चारों ओर उनका पूरा वंश खड़ा था—जैसे एक वृक्ष के चारों ओर उसकी शाखाएँ।

वह तस्वीर केवल एक चित्र नहीं थी—वह एक ग्रंथ बन गई, एक स्मृति, जो समय से परे चली गई।

आज भी, वह बच्चे जहाँ भी हैं—अमेरिका में, किसी शहर में, किसी कमरे में। वे दादा जी को अपने साथ महसूस करते हैं। वे उनके बारे में ऐसे बात करते हैं, जैसे वे अभी भी वहीं हों—चाय बनाते हुए, कहानियाँ सुनाते हुए, मुस्कुराते हुए।

और तब मन में एक प्रश्न उठता है—अब ऐसा कौन करेगा?

इतना प्रेम, इतना निस्वार्थ स्नेह, कौन बिना कुछ माँगे सब कुछ दे देगा?

शायद ऐसे लोग इस धरती पर बार-बार नहीं आते। वे केवल एक बार आते हैं,

और फिर अपने प्रेम से अमर हो जाते हैं।

यह केवल एक पारिवारिक मिलन नहीं था।

यह एक तीर्थ था।

यह एक साधना थी।

यह धरती पर उतरा हुआ स्वर्ग था। और आज भी, हर उस हृदय में, जिसे उन्होंने छुआ—दादा जी जीवित हैं, सदैव, अनंत, अमर।

अंतिम दिवस—एक आत्मा का दिव्य प्रस्थान

– आशुतोष की कलम से

मई 2024 का समय जैसे जीवन के एक गंभीर मोड़ की ओर धीरे-धीरे बढ़ रहा था। वह व्यक्तित्व, जिनका मन कभी हिमालय की तरह अडिग और जिनकी वाणी सदैव स्पष्ट और स्थिर रही थी, अब धीरे-धीरे धुंध में लिपटता प्रतीत होने लगा था। पापा जी का शरीर क्षीण हो रहा था, और उनकी वह तेजस्वी चेतना, जिसने वर्षों तक पूरे परिवार को दिशा दी, अब कभी-कभी स्मृतियों के किसी दूरस्थ कोने में खो जाती थी। उनकी आँखों में पहचान की एक हल्की लौ कभी-कभी टिमटिमाती, फिर क्षणभर में मंद पड़ जाती—मानो समय स्वयं उस ज्योति को धीरे-धीरे समेट रहा हो। भोजन अब उनके अपने हाथों से नहीं हो पाता था; हर कौर किसी और के हाथों से उनके मुख तक पहुँचता, और यह दृश्य भीतर तक कंपा देता था।

20 मई का वह दिन जैसे एक संकेत बनकर आया। मेरी पत्नी ने उनसे वीडियो कॉल पर बात की, पर वे उन्हें पहचान नहीं पाए। वह क्षण केवल विस्मृति का नहीं था—वह जैसे आने वाले समय का मौन उद्‌घोष था। उसकी आँखों में गहरी चिंता थी, और उसने धीमे स्वर में कहा, 'अब आपको जाना चाहिए, कुछ ठीक नहीं है' उन शब्दों में केवल आग्रह नहीं था, बल्कि एक अदृश्य सत्य की आहट थी। मैंने उसी क्षण निर्णय लिया और 22 मई को भारत के लिए प्रस्थान किया।

जब मैं पहुँचा, तो वह दृश्य आज भी मेरे भीतर एक दिव्य स्मृति की तरह अंकित है। पापा जी की आँखों में एक हल्की-सी चमक उभरी—जैसे बुझते हुए दीपक में अंतिम बार ज्योति प्रज्वलित हो उठती है। उन्होंने मुझे देखा, पहचाना, उस क्षण ऐसा लगा जैसे समय ने स्वयं रुककर उस मिलन को सहेज लिया हो। उन्होंने मम्मी जी से कहा कि मेरे लिए भोजन गरम किया जाए। रात के उस सन्नाटे में, जब मैं भोजन कर रहा था, वे चुपचाप मुझे देखते रहे—उनकी वह दृष्टि शब्दों से कहीं अधिक गहरी थी। उसमें संतोष था, प्रेम था, और कहीं भीतर एक मौन विदाई भी थी।

23 मई को मैं उन्हें गुरुग्राम के फोर्टिस अस्पताल लेकर गया। पर वहाँ भी जैसे नियति ने अपनी परीक्षा रखी थी—तुरंत कोई कमरा उपलब्ध नहीं था, और हमें आपातकालीन कक्ष में ही रुकना पड़ा। मशीनों की निरंतर बीप, और सफेद दीवारों के बीच उनका शांत चेहरा—यह सब मिलकर एक ऐसा वातावरण बना रहा था, जिसमें बाहरी शीतलता के साथ-साथ भीतर एक अनकहा भय भी ठहर गया था।

24 मई का दिन, वह दिन मेरे जीवन की सबसे पवित्र और सबसे वेदनापूर्ण स्मृति बन गया। पापा जी ने मुझे पुकारा—'आशु जी', उनकी आवाज़ धीमी थी, पर उसमें एक गहराई थी जो सीधे आत्मा को छूती थी। उन्होंने कहा, 'अब विदाई का समय आ गया है, मैंने कभी नहीं सोचा था कि आपके दर्शन हो जाएंगे, इससे अच्छी विदाई क्या होगी, जो आपके हाथों में होगी' उन शब्दों ने जैसे मेरे हृदय को चीर दिया। आँसू स्वतः बह निकले, और भीतर कुछ ऐसा टूट गया जिसे शब्दों में व्यक्त करना असंभव है।

मैंने मम्मी जी को वीडियो कॉल किया, क्योंकि वे मेरठ में घर पर थीं और मैं अस्पताल में अकेला था।तो एक और अद्‌भुत क्षण घटित हुआ। पापा जी ने उन्हें पहचाना—और वर्षों बाद पहली बार उन्हें नाम से पुकारा—'पुष्पा' उस एक शब्द में जितना प्रेम, जितनी करुणा और जितना सम्मान था, वह किसी जीवन भर के संबंध का सार था। उन्होंने कहा, 'आपने मुझे बहुत प्रेम दिया, पर मैं आपको कुछ नहीं दे पाया, मैं आपको और क्या दूँ, इस हृदय के अतिरिक्त,

मेरी आत्मा तुम्हारे साथ थी, तुम्हारे साथ है, और सदा तुम्हारे साथ ही रहेगी।' और फिर उन्होंने हाथ जोड़कर 'राम राम जी' कहा। उस क्षण ऐसा लगा जैसे दो आत्माएँ एक हो गई हों—जैसे समय, देह और दूरी सब लुप्त हो गए हों। वह संवाद केवल शब्द नहीं था—वह आत्मा का आत्मा से मिलन था।

इसके बाद उन्होंने अपनी शेष शक्ति से प्रत्येक संतान और प्रत्येक पौत्र-पौत्री को आशीर्वाद दिया—वीडियो कॉल के माध्यम से। उनका प्रेम दूरी से बँधा नहीं था; वह हर हृदय तक पहुँच रहा था, जैसे प्रकाश बिना बाधा के हर दिशा में फैलता है। 27 मई को हम उन्हें घर ले आए, जब चिकित्सकों ने स्पष्ट कर दिया कि यह लिवर कैंसर है। हम चाहते थे कि उनके अंतिम क्षण मशीनों के बीच नहीं, अपने परिवार के बीच बीतें। उस स्थिति में भी उनका ध्यान स्वयं पर नहीं, बल्कि हम पर था। अस्पताल के उस निर्जन, श्वेत और निस्तब्ध वातावरण में, जहाँ मशीनों की धड़कनें ही जीवन का संकेत दे रही थीं, पापा जी की आँखों में वही पुराना स्नेह अब भी झिलमिला रहा था—अटल, अडिग, और मेरे लिए चिंताओं से भरा हुआ। स्वयं की पीड़ा को जैसे उन्होंने कहीं पीछे छोड़ दिया था; उनके मन में यदि कुछ था, तो केवल मेरी चिंता।

धीमे स्वर में, जैसे कोई थका हुआ दीपक अंतिम बार अपनी लौ समेटकर भी उजाला देना चाहता हो, उन्होंने मेरी ओर देखा और कहा—

'बेटा, यहाँ मत रखो मुझे, तुम्हारी बदनामी हो जाएगी, मुझे घर ले चलो'

उन शब्दों में कोई शिकायत नहीं थी, कोई भय नहीं था—बस एक पिता का वह अथाह प्रेम था, जो अपने अंतिम क्षणों में भी अपने बेटे की इज्जत और सम्मान के बारे में सोच रहा था। उनकी आवाज़ जैसे मेरे हृदय पर अंकित हो गई—हर अक्षर एक आशीर्वाद, हर शब्द एक त्याग का प्रमाण।

मैं उन्हें देखता रह गया, भीतर कुछ टूटता हुआ-सा महसूस हुआ। कौन होता है इस संसार में ऐसा, जो अपनी अंतिम साँसों में भी स्वयं को नहीं, बल्कि अपने बच्चे की प्रतिष्ठा को सोचता है? वह क्षण केवल एक संवाद नहीं था—वह एक पिता के प्रेम का चरम था, जो शब्दों से परे, समय से परे, और जीवन-मृत्यु की सीमाओं से परे था।

वे मुझसे पूछते—'आपका पर्स ठीक है? सब ठीक है?' और मैं उन्हें ढाँढस देता—'पापा जी, आप ठीक हो जाएंगे' वे मेरी शांति के लिए कहते—'हाँ, मैं ठीक हो जाऊँगा' पर कुछ समय बाद धीरे से कहते—'बेटा, अब मुझे जाने की अनुमति दीजिए' जैसे वे हमारे प्रेम से बँधे हुए हों और उसी से मुक्ति की प्रार्थना कर रहे हों।

जब उनकी पीड़ा असहनीय हो गई, तो अंततः मैंने उनका हाथ पकड़कर, आँसुओं में डूबे स्वर में कहा—'पापा जी, हम आपको जाने की अनुमति देते हैं, हम आपको इस पीड़ा में नहीं देख सकते' उस क्षण उनके चेहरे पर एक अद्भुत शांति उतर आई—जैसे वे इसी अनुमति की प्रतीक्षा कर रहे थे।

जब मम्मी जी अगले दिन वहाँ पहुँचीं, तो पापा जी की आँखों में जैसे एक नई चेतना जाग उठी। उनका शरीर भले ही अत्यंत दुर्बल हो चुका था, पर उनकी आत्मा पूर्ण रूप से जाग्रत थी। उन्होंने मम्मी जी को गहराई से देखा, जैसे उस एक दृष्टि में वर्षों का सारा प्रेम समेट लेना चाहते हों, और फिर अत्यंत सरल, मासूम स्वर में पूछा—'देवी, आज कोई त्योहार है क्या?' यह प्रश्न सुनकर हृदय भीतर तक काँप उठा। यह केवल एक साधारण जिज्ञासा नहीं थी, बल्कि उस आत्मा की अनुभूति थी जो किसी अदृश्य, दिव्य उत्सव को महसूस कर रही थी—जैसे उन्हें पहले से आभास हो कि कोई पावन क्षण निकट है, कोई ऐसा पर्व जिसे आँखें नहीं, केवल आत्मा देख सकती है।

पापा जी का मम्मी जी के प्रति प्रेम सदैव अत्यंत विशिष्ट और श्रद्धा से भरा रहा। उन्होंने कभी उन्हें उनके नाम से नहीं पुकारा; उनके लिए वे 'देवी थीं, 'देवी' थीं—एक ऐसा संबोधन जिसमें केवल प्रेम ही नहीं, बल्कि गहरा सम्मान, भक्ति और समर्पण समाया हुआ था। उस दिन भी, उसी प्रेम से भीगे हुए स्वर में वे उन्हें पुकार रहे थे। मम्मी जी कुछ समय बाद जब रात में घर लौट आईं, तब भी पापा जी बार-बार उसी नाम से पुकारते रहे—'देवी देवी' वह पुकार केवल आवाज़ नहीं थी, वह एक आत्मा की दूसरी आत्मा को खोजती हुई प्रतिध्वनि थी। उसमें एक गहरी व्याकुलता थी, जैसे वे हर श्वास में उन्हें अपने पास महसूस करना चाहते हों, और साथ ही एक गहरी शांति भी थी, जैसे उसी पुकार में उन्हें सुकून मिल रहा हो। वह प्रेम सांसारिक सीमाओं से परे था—वह आध्यात्मिक था, अनंत था, एक ऐसा बंधन जो समय और देह से ऊपर उठकर आत्मा को आत्मा से जोड़ देता है।

उसी भाव में डूबे हुए पापा जी 'जय जय गंगे मैया' का जप करने लगे—इतनी तीव्रता से, इतनी एकाग्रता से, जैसे हर श्वास उनके लिए अंतिम हो और वे उसे ईश्वर के नाम से भर देना चाहते हों। उनके शब्दों में एक अद्भुत शक्ति थी, जैसे वे इस संसार के बंधनों से धीरे-धीरे मुक्त होकर किसी पावन धारा की ओर अग्रसर हो रहे हों। उन्हें देखकर ऐसा प्रतीत होता था मानो वे उस अस्पताल के बिस्तर पर नहीं, बल्कि स्वयं गंगा तट पर बैठे हों, और हर जप के साथ गंगा मैया की गोद में समाते जा रहे हों। उनकी हर पुकार—'देवी' और हर जप—'जय जय गंगे मैया'। उस क्षण को इतना पवित्र बना रहे थे कि वह कमरा भी किसी मंदिर से कम नहीं लग रहा था। आज जब उस दृश्य को स्मरण करता हूँ, यह स्पष्ट हो जाता है कि वह केवल बीमारी

का समय नहीं था, बल्कि एक आत्मा का अपने प्रियतम और अपने परमात्मा, दोनों से अंतिम, दिव्य मिलन का समय था।

4 जून की सुबह एक अनुष्ठान की भाँति थी। उन्हें स्नान कराया गया, स्वच्छ वस्त्र पहनाए गए, सुगंधित किया गया, और एक कुर्सी पर बैठाया गया। उनका चेहरा शांत था, गंभीर था—जैसे कोई आत्मा अपनी अंतिम यात्रा के लिए पूर्णतः तैयार हो। उस रात्रि हम तीनों—मम्मी जी, मैं और कृष्णकांत भैया—उनके समीप बैठे थे। मध्यरात्रि के आसपास अचानक उनके मुख से रक्त प्रवाहित होने लगा, पर उस भयावह क्षण में भी हमने केवल माँ दुर्गा का नाम लिया—'दुर्गा दुर्गति नाशिनी जय जय' हमारी आवाज़ें उस कक्ष में गूँजने लगीं, जैसे धूप की सुगंध आकाश की ओर उठती है, और वातावरण एक दिव्य ऊर्जा से भर गया।

5 जून 2024 की वह प्रभात कोई साधारण सुबह नहीं थी। वह जैसे समय के विराट ग्रंथ का एक दिव्य अध्याय था, जिस पर स्वयं ईश्वर ने अपनी मुहर लगा दी हो। वही तिथि—जिस दिन पापा जी का विवाह हुआ था, वही पावन दिवस जब उनके दांपत्य के साठ वर्ष पूर्ण हुए—मानो एक संपूर्ण तपस्या की पूर्णाहुति बनकर सामने आया था। ऐसा प्रतीत होता था जैसे पापा जी ने इस दिन को बहुत पहले ही चुन लिया था, जैसे कोई योगी अपने प्रस्थान का समय स्वयं निश्चित करता है। यह केवल संयोग नहीं था—यह संकल्प था, एक आत्मा का पूर्वनियोजित मार्ग।

प्रातः लगभग 10 बजे, पापा जी की साँसें धीरे-धीरे मंद पड़ने लगीं—जैसे संध्या में कोई दीपक अपनी लौ को शांत भाव से समेट लेता है। मैं और मम्मी जी पापा जी के पास बैठे थे, उनका हाथ अपने हाथों में थामे हुए—मानो उस स्पर्श से उन्हें इस संसार में रोक लेना चाहते हों। पर उस दिन पापा जी किसी बंधन में रहने के लिए नहीं थे। पापा जी की हर श्वास अब किसी अदृश्य, दिव्य दिशा की ओर अग्रसर हो रही थी।

पापा जी के चेहरे पर एक अद्भुत शांति उतर आई थी—वैसी शांति, जो केवल उस आत्मा में होती है जिसने जीवन का हर धर्म निभा लिया हो। उनकी आँखें अर्धमुदित थीं, होंठों पर एक सूक्ष्म, शांत मुस्कान थी—मानो पापा जी उस सत्य का साक्षात्कार कर रहे हों, जिसे हम केवल महसूस कर सकते हैं। और फिर, एक क्षण आया, इतना सूक्ष्म, इतना मौन कि समय स्वयं उसमें ठहर गया। पापा जी की साँसें थम गईं, पर वह ठहराव शून्यता नहीं था। वह एक अनसुनी ध्वनि थी—एक आत्मा के मुक्त होने की, एक जीवन के पूर्ण होने की।

उस क्षण पापा जी देह से परे जा चुके थे। यह कोई संघर्ष नहीं था, कोई पीड़ा नहीं थी—यह एक शांत,सहज प्रस्थान था, जैसे कोई पवित्र गंगा की धारा में स्वयं को समर्पित कर दे और उसमें विलीन हो जाए।

और फिर, गंगा तट पर जो घटित हुआ, वह केवल एक दृश्य नहीं था—वह एक दिव्य अनुभव था। जब अग्नि ने पापा जी को अपनी गोद में लिया, तो वह केवल दाह संस्कार नहीं था—वह एक यज्ञ था, एक महाआहुति थी, जिसमें पापा जी का सम्पूर्ण जीवन, उनका त्याग, उनका प्रेम, सब कुछ समर्पित हो रहा था। अग्नि की लपटें ऊपर उठ रही थीं, पर उनमें कोई भय नहीं था—वे तेजस्वी थीं, शांत थीं, जैसे किसी देवमूर्ति के चारों ओर प्रकाशमंडल हो।

उसी अग्नि के मध्य एक दिव्य आकृति उभरती हुई प्रतीत हुई—शांत, स्थिर, तेज से भरी हुई—जैसे पापा जी स्वयं गरुड़ पर आरूढ़ होकर आकाश की ओर अग्रसर हो रहे हों। वह कोई भ्रम नहीं था, वह एक अनुभूति थी, जिसे वहाँ उपस्थित हर हृदय ने महसूस किया। ऐसा लगा मानो पापा जी उस अग्नि से ऊपर उठ रहे हों, जैसे एक पक्षी अपने पिंजरे से मुक्त होकर अनंत आकाश में उड़ जाता है।

और तभी प्रकृति भी इस दिव्य प्रस्थान की साक्षी बन गई। प्रचंड गर्मी के बीच अचानक पुरवैयाचलने लगी—एक शीतल स्पर्श, जैसे स्वयं प्रकृति पापा जी के मार्ग को सरल बना रही हो। आकाश में बादल घिर आए, और वर्षा की बूंदें गिरने लगीं—मानो देवता स्वयं उनका स्वागत करने उतरे हों। वह वर्षा केवल जल नहीं थी—वह आशीर्वाद थी, वह एक दिव्य स्वीकार था कि एक आत्मा अपने परम धाम को प्राप्त कर रहा है।

किसी ने ऐसा दृश्य पहले कभी नहीं देखा था कि—अग्नि की लपटों में एक आत्मा आशीर्वाद देती हुई प्रतीत हो, कि एक मनुष्य गरुड़ पर आरूढ़ होकर मोक्ष की ओर अग्रसर हो। वह केवल अंतिम संस्कार नहीं था—वह एक आत्मा का परमात्मा में विलय था, एक तपस्वी की पूर्णता थी।

यह विदाई नहीं थी। यह मोक्ष था। पापा जी ने केवल जीवन नहीं जिया—पापा जी ने उसे तपस्या की तरह जिया, और अंत में उसी तपस्या का फल प्राप्त किया। पापा जी ने सब कुछ दिया—प्रेम, त्याग, संस्कार—और बदले में कभी कुछ नहीं माँगा। और जब समय आया, तो पापा जी उसी शांति में विलीन हो गए, जिसे उन्होंने जीवन भर अपने भीतर संजोया था।

आज भी पापा जी हमारे साथ हैं—उनकी स्मृतियों में, उनके शब्दों की गूँज में, उनके स्पर्श की ऊष्मा में, उनके आशीर्वाद की छाया में। क्योंकि पापा जी केवल हमारे पिता नहीं थे—पापा जी उस करुणा का सजीव रूप थे, जिसे हम ईश्वर कहते हैं।

अध्याय 20

उपसंहार-मेरी आत्मा का दूसरा भाग

– पुष्पलता की कलम से

जिस क्षण वे मेरे जीवन में आए, उसी क्षण जैसे मेरे अस्तित्व की दिशा ही बदल गई। वे केवल मेरे पति नहीं थे—वे मेरी आत्मा के आधार थे, मेरे जीवन की उस डगमगाती नौका के पतवार थे, जो हर तूफ़ान में मुझे डूबने से बचाते रहे। वे मेरे अंधकार में जलता हुआ दीपक थे, मेरे सूने आकाश का चाँद थे, मेरे हर श्वास का संबल थे। जब-जब जीवन के पथ पर मुझे काँटे चुभे, उन्होंने अपनी मुस्कान से उन काँटों को फूलों में बदल दिया। उनका धैर्य मेरे लिए उस वटवृक्ष की छाया था, जिसके नीचे मैं हर तपती धूप से बचकर शीतलता पाती रही।

उन्होंने मुझे कभी मेरे नाम से नहीं पुकारा। उनके लिए मैं सदा 'देवी' ही रही। उस एक शब्द में उन्होंने मुझे जो स्थान दिया, वह किसी भी स्त्री के लिए सबसे बड़ा आशीर्वाद होता है। जब वे मुझे 'देवी' कहते थे, तो ऐसा लगता था मानो वे मेरे भीतर किसी अलौकिक ज्योति को देख रहे हों। उनकी आँखों में मेरे लिए जो सम्मान था, वह शब्दों से परे था—वह एक पूजा थी, एक श्रद्धा थी, एक ऐसा प्रेम था जो सांसारिक नहीं, बल्कि आध्यात्मिक था। उस संबोधन ने मेरे साधारण जीवन को एक दिव्य अर्थ दे दिया।

उन्होंने अपना जीवन कभी अपने लिए नहीं जिया। उनकी हर साँस, हर श्रम, हर त्याग हमारे परिवार के नाम अर्पित था। वे उस नदी की तरह थे, जो स्वयं प्यासे रहकर भी दूसरों की प्यास बुझाती है। चाहे घर की ज़िम्मेदारियाँ हों, बच्चों की शिक्षा हो या रिश्तों का निर्वाह—वे हर मोड़ पर सबसे आगे खड़े रहे। उनकी हथेलियाँ भले ही समय की कठोरता से खुरदरी हो

गई थीं, पर उन हथेलियों की हर रेखा में हमारे लिए करुणा, प्रेम और सुरक्षा की अमिट छाप अंकित थी।

उनका जीवन गंगा के समान था—निर्मल, निरंतर बहता हुआ और अपने स्पर्श से सबको पवित्र करने वाला। उन्होंने कभी अपने लिए कुछ नहीं माँगा। न धन, न वैभव, न आराम—बस यही कामना रही कि उनका परिवार सुरक्षित रहे, उनके बच्चे अपने पैरों पर खड़े हों और हर हृदय में संतोष का दीप जलता रहे। उनके त्याग इतने मौन थे कि उस समय हम उन्हें समझ नहीं पाए, पर आज जब स्मृतियों के दर्पण में उन्हें देखती हूँ, तो हर छोटा-बड़ा क्षण उनकी महानता का साक्षी बनकर सामने खड़ा हो जाता है।

वे देखने में साधारण थे, पर उनके भीतर एक असाधारण प्रकाश जलता था। जैसे कोई दीपक स्वयं को जलाकर चारों ओर उजाला फैलाता है, वैसे ही उन्होंने अपने जीवन को समर्पित कर हमारे जीवन को रोशन किया। वे एक गृहस्थ होकर भी तपस्वी थे। उनके लिए धर्म केवल मंदिरों तक सीमित नहीं था—उनके लिए धर्म था हर रिश्ते को सच्चाई से निभाना, हर कर्तव्य को निष्ठा से पूरा करना, और हर क्षण को ईश्वर को समर्पित कर देना।

आज जब मैं उनके बिना इस संसार में खड़ी हूँ, तो लगता है जैसे मेरी आत्मा का एक अंश मुझसे अलग हो गया है। फिर भी, यह दूरी केवल देह की है, आत्मा की नहीं। मुझे आज भी हर क्षण यह अनुभव होता है कि वे यहीं हैं—मेरे साथ, मेरे आसपास, मेरी हर साँस के साथ जुड़े हुए। जब भी मैं किसी निर्णय के सामने खड़ी होती हूँ, विशेषकर बच्चों के विषय में, तो ऐसा लगता है मानो वे भीतर से मुझे मार्ग दिखा रहे हों, हर कदम पर मुझे निर्देश दे रहे हों। उनकी वह अदृश्य उपस्थिति आज भी मेरे जीवन की सबसे बड़ी शक्ति है।

जब मैं आँखें बंद करती हूँ, तो उनकी वही शांत, तेजस्वी छवि सामने आ जाती है—मुस्कुराते हुए, आशीर्वाद देते हुए, मानो कह रहे हों—'मैं यहीं हूँ, हमेशा तुम्हारे साथ' उनकी स्मृतियाँ अब मेरे लिए प्रसाद बन चुकी हैं। उनका हर त्याग, हर कष्ट, हर प्रेम—मेरे लिए एक साधना है। उनके साथ बिताया हर पल अब मेरे लिए एक तपस्या बन गया है। उनके जाने से जो रिक्तता मेरे जीवन में आई है, उसे शब्दों में व्यक्त करना असंभव है। वह शून्य ऐसा है, जिसे केवल महसूस किया जा सकता है—जैसे कोई अनसुनी ध्वनि, जो भीतर निरंतर गूँजती रहती है।

उनका जाना अंत नहीं है—वह एक दिव्य यात्रा की पूर्णता है, एक ऐसी साधना का समापन, जो जीवन भर निरंतर चलती रही। वह आत्मा, जिसने हर श्वास दूसरों के लिए अर्पित की, जिसने अपने हर कर्म को धर्म बना दिया, अंततः उसी परम सत्य में विलीन हो गई, जहाँ से वह आई थी। उन्होंने केवल देह का परित्याग नहीं किया—उन्होंने स्वयं को परमात्मा में समर्पित कर दिया, मोक्ष को प्राप्त किया, और उस अनंत प्रकाश में समा गए जहाँ न दुःख है, न बंधन—केवल शांति ही!

2014 में हमारी कंबोडिया यात्रा के दौरान ली गई तस्वीर।

2011 में हमने कंबोडिया के अंगकोर वाट मंदिर की यात्रा की।

नवंबर 1990 का हमारा पारिवारिक फोटो।

सबसे आगे दाएँ से बाएँ: जयपाल जी, पुष्प लता, प्रकाशवती (पुष्प लता की माता जी), कुसुम लता (पुष्प लता की बहन), सत्यप्रकाश गर्ग (जयपाल जी के छोटे भाई)।

पीछे बैठे दाएँ से बाएँ: कृष्ण कांत, ममता गर्ग, दीपा गर्ग।

पीछे खड़े: अशुतोष गर्ग।

जून 2023 का पारिवारिक मिलन। इस विशेष अवसर पर जयपाल जी ने पुष्पलता जी के साथ अंतिम बार नृत्य किया, जो परिवार के लिए एक भावुक और सदा याद रहने वाला पल बन गया।

5 जून 2014 को मेरठ में आयोजित जयपाल सिंह गुप्ता जी के स्वर्ण जयंती समारोह में उपस्थित उनका संपूर्ण परिवार।

अशुतोष गर्ग के बच्चे, जून 2023 के पारिवारिक मिलन के दौरान,
भारत से रवाना होने से पहले जयपाल जी और परिवार के साथ।

1986 में बाग-ए-बहू गार्डन, जम्मू में परिवार की तस्वीर।

1986 में कश्मीर यात्रा के दौरान ली गई यादगार तस्वीर।

1964 में विवाह के बाद जयपाल जी और पुष्पलता जी की तस्वीर।

1980 में जालंधर में बच्चों के साथ लिया गया हमारा पहला पारिवारिक फोटो।

5 जून 2014 को हमारे स्वर्ण जयंती समारोह में बच्चों द्वारा आयोजित वरमाला आदान-प्रदान का भावुक और यादगार पल।

जयपाल सिंह जी और पुष्पलता जी अपनी वैवाहिक स्वर्ण जयंती के समारोह में।

www.ingramcontent.com/pod-product-compliance
Lightning Source LLC
LaVergne TN
LVHW090416210926
848480LV00002B/579
* 9 7 9 8 9 0 4 5 1 9 3 5 3 *